自分と
世界を変える
「最重要資産」

信用2.0

堀江貴文

朝日新聞出版

結局、世界のすべては「信用」で動いている。
お金も人もモノも、信用がなければ動かない。

だが、何よりも忘れてはいけないのは、
すべてを動かす〝信用の原理〟そのものが変わったということだ。

「信用」をアップデートできないまま、
古い成功体験にとらわれている人からは、
お金・人・モノなど、あらゆる資産が離れていく……。

「信用貧乏」こそが
〝真の貧乏〟なのである。

はじめに

なぜ堀江貴文は
こんなに信用されるのか？

生きていくうえで、いちばん大切にすべきものは何か？
そう聞かれたら、ぼくは迷わず「信用」と答える。

人生でもビジネスでも、何より大事なのは信用だ。

信用がない人のところには、お金も人もチャンスもやってこない。
何かを成し遂げようと思っても、信用がないと余計な労力がかかる。
うまくいったとしても、たいした成功は得られないだろう。

逆に信用がある人は、たくさんの人から助けてもらうことができる。
一人では成し遂げられないような大きなことも実現できる。

「信用されたくない人」なんていない

人が社会を形成する生き物である以上、これは古今東西を問わない普遍的な法則だ。

だからぼくは、人生でいちばん大切にしているものは何かと問われたら「信用」と答え続けている。ぼくの本を何冊か読んだことがある読者なら、そのことを知っているはずだ。

では、なぜ今さら「信用」について語るのか？

それは、ぼくが大事にしている「信用」と、多くの人が考える「信用」が、必ずしも一致していないと感じてきたからだ。

そもそも「信用が大事」なんてことは、ぼくに言われるまでもなく、だれもが当たり前に感じていることだろう。「だれからも信用されたくない」なんて人はまずいない。

実際、ぼくが「人生では何よりも信用が大切だ」と言えば、たいていの人からは、

「そうそう、私もそう思っていました！」

「ぼくも信用が大事だと思います！」

といった反応が返ってくるはずだ。

ほとんどの人が「信用」を誤解している

ところが、少し話を聞いてみると、その人がイメージしている「信用」と、ぼくが語っている「信用」には、ちょっとしたズレがあることに気づく。

いや、ちょっとどころではない。人によっては、まったく正反対の考え方や価値観

をベースにして、「そうですよね、信用が大切ですよね」と言っていたりする。

こういうときぼくは「話が通じていない」と感じる。

ぼくの人生はこういうことだらけだ。

どうやら、ぼくが考える「信用」と、他人が考える「信用」は別物だと考えたほうがよさそうだ。

この点を整理しないと、みんなが「間違った信用」を追い求めるだけの、バカげた世界がいつまでも続くことになる。

他人から信用されるために、みんなの言うことを聞いて、必死で努力しているのに、いっこうに人生がうまくいかないという人はいないだろうか？

難関大学を卒業したり、有名企業に入ったり、難しい資格をとったり、コツコツとお金を貯めたりしているのに、いつまで経ってもだれからも信用されない人はいないだろうか？

世の中にはそんな人が溢れている。みなさんが同じ状態にあるかどうかは別として、こうした「信用貧乏」に陥っている人は少なくないはずだ。

他人がどうなろうと、それはぼくの知ったことではない。

だが……それでもやっぱり、間違ったことを見て見ぬ振りできないのがぼくの性分である。

その結果生まれたのが、本書『信用2・0』だ。

これは、ぼくが人生でいちばん大事にしている「信用」をテーマにした唯一の本である。

なぜぼくはこんなにも多くの信用を集めているのか？

「なぜ正直者がバカを見るのか？」

「なぜ優秀なあの人がだれからも信用されないのか？」
「なぜすごくいい加減なのにやたらと信頼される人がいるのか？」

信用の本質を正しくつかむことができれば、これらの世の中の隠された真相が手にとるようにわかるようになる。

そこでまず考えてほしいのが、冒頭の見出しにも掲げた問いだ。つまり、

「堀江貴文はなぜこんなに信用されているのか？」

ぼくという存在は、これからの時代の信用を考えるうえでの格好の材料だと思う。
ぼくのような人間が信用を集めている理由を正しく説明できるかどうかは、時代に即した「信用」観を持てているかどうかの試金石だと言っていいだろう。

みなさんなら、この問いにどんなふうに答えるだろうか？

うまく答えられる自信がある人なら、あとは本書で細かい部分をチューニングしていくだけで十分だ。これからもみんなに信用される人生を歩んでいけるはずだ。

一方で、「ちょっとまだ自信がないな……」という人も安心してほしい。この本をひととおり読み終えたときには、自身の「信用」観がブラッシュアップされたのを実感してもらえるはずだ。

「いや、お前が信用を語るなよ（笑）」

あえて自分で言うことではないが、ぼくはかなり多くの人から信用されている。

ぼくは今50歳だ。

世の中の50歳の平均値と比べても、圧倒的に信用されているのは間違いない。

たとえば、手元にある大事な100万円を「得体の知れない50歳のおじさん」か「ホリエモン」のどちらかに預けなければならないとすれば、みなさんはどうするだろうか？　おそらくぼくにお金を預けるという人のほうが多いのではないだろうか。

とはいえ、たとえばツイッターでこんなことを呟けば、「俺は堀江のことなんて信じていないぞ！」「どの口が言っているんだ？」「いや、お前が信用を語るなよ（笑）」などと書き込む連中がどっさり釣れるだろうことは容易に想像がつく。

なかには「タレント」や「芸人」や「〇〇学者」と名乗る人もいるかもしれない。また、こういうどういった実績があるのかよくわからない人を信用している人もいるので、これに便乗していろいろと書き立てるツイートもわいてくるだろう。

ぼくにとって、こんなのは日常茶飯事だ。なんということもない。

何を言われても超然としていられるのは、彼らのほとんどがぼくよりも圧倒的に信用のない人たちだからだ。だから、彼らのセリフをそっくりそのままお返しするだけでこと足りる。

「いや、お前が信用を語るなよ」

——以上（笑）。

「信用できる人」の条件を挙げてみる

とはいえ、「堀江のことなんて信用できない」と感じている人がいるのは、事実としてよくわかっているつもりだ。

それにしても、なぜぼくを信用できる人と、まったく信用できない人とがいるのだろうか？

それは「こういう人は信じられる」「こういう行動は受け入れられる」という基準が、人によってまちまちだからだ。だからぼくという人間は、ある人たちからは「信用できる」とされ、ある人たちからは「信用できない」とされる。

これをもう少しはっきりさせるため、ちょっとした思考実験をしてみよう。

あなたが思う「信用できる人」のイメージや条件を、どんなものでもいい、いくつでもいいから思い浮かべてほしい。

・名の通った大手企業に勤めている
・勤続年数も長く、勤務態度もまじめ
・高偏差値の大学を卒業していて、成績優秀
・結婚して、きちんと子育てをしている
・持ち家もあり、堅実に貯金もしている

こんな人物像が思い浮かんだかもしれない。
あるいは、

・人に頼らず、自分で最後までやり遂げられる
・思いつきで行動せず、じっくり慎重に考えて計画的に行動する

・メールだけで用事を済ませず、直接会うことを大切にできる

といった行動スタイルを思い浮かべた人もいるだろう。

「事実」を見ようとしない人の末路

どうだろう?

ここに挙げたような人物像から、それほど違和感なく「たしかに信用できそうだな……」という感想を抱いた人もいるのではないだろうか?

もしそうだとすると、おそらくあなたは、ぼくのことを心からは信用できていないはずだ。

無理もない。なぜなら、ぼくはこれらの基準にはまったく当てはまらないからだ。

ぼくは会社勤めの経験はないし、いまだに本業が何か自分でもよくわからない。

大学中退で住所不定のホテル暮らし。

離婚しているし、子育てもしていない。

面倒なことは人に任せっきりだし、性格はかなり飽きっぽい。

対面の打ち合わせどころか、電話すらも大嫌い。全部LINEで済ませたい人間だ。

発言は定期的に炎上して世間を騒がせているし、おまけに逮捕歴もある。


つまり、さっきの条件に当てはめれば、「信用できる要素」がゼロだ。

前述の「信用」観を持っている人には、なぜ堀江貴文がこんなに信用されているのかがさっぱり理解できないだろう。


「なぜあんな人間がもてはやされているのか?」

「なぜあんな人間がつくった会社に8000億円もの時価総額がついたのか?」

「なぜツイッターに350万人以上のフォロワーがいるのか?」

「なぜYouTubeが合計5億回も再生されているのか?」

「……いったいなぜだ——？」

この謎が解けたとき、あなたは「新時代の信用」を集められる人間になれる。

ぼくが信用されているという事実から目を背けて、考えることを放棄し、いつまでも「あんなやつを信じる人間の気が知れない！」などと言っている人からは、すべてがこぼれ落ちていくことになる。

「信用の資産家」になれば、人生は好転する

とはいえ、本書を手にとってここまで読んでくれているあなたは、そうした残念な人たちとは一線を画していると言っていいだろう。

「新しい信用」の本質まではつかめていないにしても、そこに何かしらの問題意識や関心を持てている時点で、時代の流れを正しく洞察・予感できているのは間違いないからだ。

そう、たしかに現代においては「信用」を支える原理そのものが変わってしまった。

かつては、先ほど挙げたような人物像や行動様式に沿って生きていれば、わりと簡単に信用が得られた。

その枠組みに収まっていさえすれば、だれでも確実に「信用される人」になれた。

でも今はちがう。時代が変わったのだ。

こんな人物像や基準は、まったく「信用」に値しない。

むしろぼくは、これに多く該当する人とつき合うのなんかは、まっぴらごめんである。いまだにこんな基準を満たして安心している人を、ぼくはまったく信用しない。

信用1・0と信用2・0

本書では、先に列挙したような、かつては通用していた信用のための行動基準や人物像を「信用1・0」と呼ぶことにする。これに対して、**ぼくが大切にしたい価値観のほうを「信用2・0」と名づけることにしよう。**

まあ、話をわかりやすくするための便宜上の名称だと思ってほしい。名前なんてものはどうでもいいのだ。

さて、では肝心の「信用2・0」とはいったいどんなものなのか——？

本書ではこれをいろんな角度から語ってみたい。

すべてを読み終えたあなたは、人生における最も貴重な資産＝「信用」をつくるための「元手」を獲得しているはずだ。

ひとたび「信用の資産家」になれば、あとは人生がプラス方向に転がり続けるだけ——。

本書のメソッドを通じて、信用の元手を正しく運用し、一緒に大きく育てていこう。

堀江貴文

信用2・0　目次

はじめに　なぜ堀江貴文はこんなに信用されるのか？ —— 2

第1章
【今、信用される人は何をやっているのか？】

01 「お金の亡者」になるな、「信用の亡者」になれ。 —— 26
02 「損得」しか考えないやつは信じるな。 —— 32
03 人の「見えない価値」に気づけているか？ —— 41
04 信用資産は「前借り」できる。 —— 51
05 自信は、やり遂げた「回数」に比例して成長する。 —— 58
06 自分を「消費」するバカ、自分に「投資」する天才。 —— 65

07 即答で「できます！」が最強。—— 69

第2章

【信用革命で価値観をアップデートせよ】

08 「情報」を自分で調べない人＝おわっている人。—— 78
09 プロと素人の境界線なんてない。—— 87
10 「ウソの人気や影響力」はバレる。—— 93
11 お金の価値は下がり続け、信用の価値は上がり続ける。—— 103
12 バカに恵む時間は1秒もない！—— 111

第3章

【信用資産が増える6つの行動原則】

13 「慎重さ」は幻想。「ノリ」こそが才能。―― 122

14 賢いだけでは損をする。「戦略的なバカ」になれ。―― 130

15 君は「好き嫌い全開」で生きる覚悟はあるか。―― 136

16 「自分でやるべき教」から目を覚まそう。―― 141

17 イヤなら0秒でやめればいい。―― 148

18 好きなら無限に続ければいい。―― 154

第4章

【「優秀な人」ほどハマる信用の落とし穴】

19 会社の信用に依存する人自体の信用はゼロ。――160
20 サラリーマンは「使い放題のサブスク」。――166
21 「貯金」は最も信用が増えないお金の使い方。――172
22 「マイホーム」こそ最強のバカ発見器。――182
23 9割の資格はゴミ。――188

第5章

【「信用富豪」が持つ4つの黄金マインド】

24 「かけ算」こそ凡人が勝てる唯一の戦略。 198
25 他人の時間を奪わない。これが究極の礼儀正しさ。 208
26 人を見て態度を変えるのはクソダサい。 215
27 信用と盲信はちがう。 224
おわりに 「この星から飛び出すほどの信用」を積み上げよう。 234

執筆協力　内川美彩、元木哲三（いずれもチカラ）
編集協力　重タフィ
ブックデザイン　小口翔平＋畑中茜＋青山風音（tobufune）
写真　スポニチ／アフロ

第1章

今、信用される人は何をやっているのか？

本書のテーマである「信用」という概念は、
そもそもモヤッとしていて実態が捉えづらい。
辞書に書いてある説明を紹介するだけでは、十分と言えない。
ただでさえそういう事情なのに、
さらに「信用1・0」と「信用2・0」のちがいを語るとなれば、
ますます混乱を招きかねない。
だからまずは、信用とは何なのかというところから、
ざっくりとした全体像や、
基本的なぼくの考えを整理していくことにしよう。

01

「お金の亡者」にならな、「信用の亡者」になれ。

信用とは、ひと言で言うと「他者からの評価」である。「あの人ならこれを任せられる」「あいつはこれくらいやってくれるはずだ」というポジティブな評価こそが、信用の最も本質的な要素だ。

ここから言えることは2つある。

1つは、信用は「相手がいてこそ成り立つ」社会的な概念だということだ。自分以外のだれもいない世界があるとすれば、そこには信用というものが存在し得ない。

自分以外のだれかがいるからこそ、「あの人は信用できるだろうか」とか「なぜあの人は俺を信じてくれないんだ！」といった感情が生まれる。

もう1つは、あくまでも信用は「人による評価」に基づいているということだ。だから、Aさんが上司から信用されていて、「君にならこのプロジェクトを任せられる！」と言われたとしても、実際にAさんがそのプロジェクトを成功させられるかはわからないし、そのための十分な能力があるとも限らない。
あくまでも上司が勝手に「Aさんは信用できる人物だ」という評価＝価値判断を下しているにすぎない。

この基本的な2つのポイントを押さえると、信用は「資産」としての性格を持っていることがわかる。
これは、資産の代表格である金融資産のことを考えてみれば、イメージしやすいはずだ。現金の価値は、社会のなかでの経済活動に支えられている。また、たとえば「株式」の価格なども、投資家たちの評価によって決まっている。

すごく大まかな言い方をするなら「信用はお金に似ている」のである。

だから、信用がある人は、評価してくれる人たちから支援を受けることができる。
支援の内容はさまざまだ。労働力かもしれないし、情報かもしれない。経験や知識の場合もあるし、金銭かもしれない。他者から信用されればされるほど、自分が何かやろうと思ったときに、こうした支援を手厚く受けることができる。

信用があれば、やりたいことができる可能性が高くなる。

何かに挑戦して、成功する確率が高くなる。新しい世界が開ける。ひと言で言うと、楽しく充実した人生を送ることができるというわけだ。逆に信用がなければ、そうした人生を送ることが難しくなる。

そして大事なのは、信用こそが「最も貴重な資産」だということだ。

これに比べれば、現金や株式、仮想通貨といった金融資産など、とるに足りない。

いまだに「堀江はカネの亡者だ」といったことを言う人がいるが、これはまったくの誤解だ。

これまでぼくは、お金を増やすために何かをしたことはない。

むしろ、いつも考えているのは、いかにして信用を増やすかである。

だから、もし「堀江は信用の亡者だ」と言われれば、それは否定しようがない事実である。

なぜぼくが信用にそこまでこだわるかと言えば、それはやりたいことがたくさんあるからだ。

人は社会的動物である。1人では、あまりたいしたことはできない。何かを手に入れるためには、何かを成し遂げるためには、できるだけ多くの人から協力を得られるに越したことはない。

そのためには、より早く、より多くの信用を手に入れることがカギとなる。

お金はいくら増やしても、幸せになれるとは限らないし、トラブルを生んだりすることもある。なかには、かえって不幸になる人もいるくらいだ。

だが、信用はどれだけ増えても困ることがない。信用を集めれば集めるほど、間違いなくいろんなことが思いどおりになるし、そのせいで人生が狂ってしまうなんてこともない。

お金や知識が不足していても、信用があればなんとかなる。

だが逆はない。ほかのすべてを持ち合わせていても、信用がなければ、何かを成し遂げることは難しいし、たとえ成し遂げたとしても、小さな成功しか得られない。

仕事でも人生でも、とにかく追い求めるべきものは「信用」である。

いかにして、他者からのポジティブな評価を獲得し、「あの人なら間違いない」と思ってもらえる状態をつくるかである。

貪欲に集めるなら、「金融資産」ではなく「信用資産」である。

TRUST

信用さえあれば、あとからすべてがついてくる。

02

「損得」しか考えないやつは信じるな。

信用は「他者からの評価」である。

そして、それは「資産」としての性格を持っている。


これはどんなことを意味するだろうか？

一定のまとまった資産を持っていて、それを「運用」した経験のある人でないと、なかなかピンとこない部分があると思うので、この点をもう少し深掘りしてみよう。


このときに知っておいてほしいのが「決算書」の考え方だ。

「貸借対照表」や「損益計算書」という言葉を聞いたことがあるだろうか？　ビジネスパーソンであればまず知っていると思うが、一定のフォーマットに会社の数字を落とし込むことで、会社の財務状況や経営状態を把握するのが、決算書の役割である。


いちばんわかりやすいのは「損益計算書」だろう。

これは、一定の期間にどれだけのお金が入ってきて（売上）、それを稼いだりするときにどれだけのお金が出ていき（費用）、最終的にどれだけのお金が手元に残ったのか

／残らなかったのか（利益）をリストアップしたものだ。
ごく単純に言えば「家計簿」などと同じような考え方である。利益（Profit）や損失（Loss）を可視化するので、その頭文字をとって「P／L」と記載されたりする。

これに対して、「貸借対照表」は、企業の資産状況をひと目で把握できるようにしたものである。これは「バランスシート」とも呼ばれ、本書でも通例に従って「B／S」と表すことにしよう。

B／Sは、直感的には理解しづらいかもしれないので、少し丁寧に説明しよう。

まずB／Sの書式は大きく左右に分かれている。

左側にあるのが「資産の部」であり、ここには企業が持っている「資産」がリストアップされる。企業が持っている資産は「お金（現金）」だけではない。銀行預金はもちろん、これから入ってくる予定のお金（いわゆる売掛金）も資産だし、土地や建物、生産のための機械設備などもここに入ってくる。とにかく企業の「持ち物」は、すべて資産だと考えればいいだろう。

損益計算書と貸借対照表

損益計算書（P/L）

費用	売上
利益	

貸借対照表（B/S）

資産	負債
現金・預金 売掛金 土地・建物 機械設備	借入金 買掛金
	純資産

他方で、右側には「負債の部」があり、こちらには資産をどのように集めたかが列挙される。たとえば、預金1億円の資産があったときに、その出どころが銀行からの借金だとすれば、負債の部には「借入金1億円」と記載される。

だから、負債の部（どのようにして集めたか）と資産の部（どのようなかたちで所有しているか）の総額は、つねに同じになる。つまり、左右の均衡がとれているから、バランスシートと呼ばれるわけだ。

さて、「……いったい何の話を聞かされているんだ？」と心配になった読者もいるかもしれないが、安心してほしい。本書は会計学の本ではないので、おおまかにイメージだけつかんでもらえれば十分だ。

ここで伝えたいのは、次の2点である。

①決算書の考え方は「企業」だけでなく「人」にも当てはめられる

②「信用」を正しく捉えるうえでは「B／S」的な発想が大事になる

このうち、①については説明するまでもないだろう。あなたというB／Sの左側には、さまざまな「資産」がある。「あなたが持っているものすべて」がこのB／Sには記載されているわけだ。

肝心なのは②のほうである。人はつい、そのときの「損得」だけで物事を考えてしまう。言い換えれば、P／L的な発想に陥りがちだということだ。

たとえば、ある人物とのコラボレーションを進めていて、プロジェクトが具体的に進捗しているとする。

ところが、ある時点でその人物には大きな問題が見つかる。なんと、その人は過去に重大な過失をおかし、ひどい目に遭っているにもかかわらず、その問題の解決を試みてすらいなかったのだ。

このとき、あなたならどうするだろうか？

ここでプロジェクトを打ち切ることにすれば、さまざまな損失が予測される。それまでに投じてきたお金や時間が無駄になるし、協力してくれた人たちにも迷惑がかかる。相手方は「一方的にコラボを解消された！」と言って騒ぎ出すかもしれないし、あなたに悪評が立つ可能性だってある。

そういうマイナス面に尻込みして、その人のリスクに対処していないという部分に目をつむったまま、むりやりプロジェクトを進めてしまう人もいるだろう。そういう人は、いわばＰ／Ｌ的な発想にとらわれている。短期的な損得しか見ておらず、長期的に見て自分が何を失うかを考えていないのである。

自分の信用を第一に考えるのであれば、そんなコラボはいち早く解消するべきだ。痛い目に遭っておきながら、それでも正しいアクションを起こせないというのは、その人がよっぽど「ヤバい人物」である何よりもの証拠だ。ミスへの対策以外のところでも、いろいろと問題が出てくる可能性が高い。そんな人と一緒に仕事をしてトラブルに巻き込まれたりすれば、それこそこちらの信用に関わる。

だからこういうときには、もし短期的に損をすることになったとしても、自分が持っている信用を大切にしたほうがいい。

これは、人でも企業でも同じだ。したたかな企業は、自社のブランドを守ったり向上させたりするためなら、平気で損を切る。経営者がバカだったりすると、目先の利益を優先して、顧客や取引先や投資家の信用を失うような意思決定をしてしまう。

まじめで優秀なのにいっこうに信用されない人は、ひょっとしたらP／L的発想にこだわっていないだろうか？

つい「この仕事をするといくら儲かるか」とか「これをやめたらいくら損するか」ばかりを気にしてしまっていないだろうか？

信用を高めていくうえで重要なのはB／S的な思考法である。

判断に迷うことがあったら「お金が手元にいくら残るか」ではなく、「広い意味での『資産』がどれだけ増えるか」を考えてみよう。みんなから信用される人は、いつもこの発想を忘れていない。

TRUST

大事なのはP／LではなくB／S。
信用を「資産」として捉えよう。

03

人の「見えない価値」に気づけているか？

信用は「他者からの評価」という資産なので、P/LではなくB/Sの考え方が大事になる。つまり、「(短期的に見て) 損か得か」ばかりにとらわれて、「(長期的に見て) 自分の資産が増えるか」を考えない人は、いつまで経ってもみんなに信用されない。

これは信用の本質的原理である。1・0だろうと2・0だろうと関係ない。

このとき大事になるのが「では、いったいどんな資産を増やせばいいのか?」ということだ。

これを掘り下げていくときには、いよいよ「信用1・0」と「信用2・0」のちがいに触れざるを得ない。

そこで再び、貸借対照表(B/S)のミニ講義——。

まず、企業のB/Sを書くときには一定の決まりがある。

「流動性の高い順」に記載していくという決まりである。

「流動性」という言葉は聞き慣れないという読者もいるかもしれないが、要するに「お金のかたちにしやすい度合い」だと理解すればいい。

だから流動性が最も高い資産は、現金や銀行預金などだ。来月入ってくる売掛金なども、もうすぐ現実のお金になるという意味で、流動性はかなり高い。これらは「流動資産」と呼ばれる。

他方で、企業が保有している備品や設備、不動産などになると、流動性はぐっと下がる。それを一定の価格で買ってくれる人を探して、売却しないといけないからだ。現金化するにはちょっとした手間が必要になる。これらの資産には「固定資産」という名前がついている。

さらに固定資産は2種類に分かれる。

すでに挙げたような建物や土地、機械などの目に見えるかたちがあるものは「有形固定資産」と呼ばれる一方、会社には特許や商標、ブランドや独自技術、顧客基盤などなど、「これ」と指差すことができない目に見えない資産がある。こちらは「無形固定資産」という。

これを人に置き換えてみよう。

まず、あなたの財布に入っている現金や銀行預金、さらにはすぐに売却できる株式・投資信託・暗号資産などが流動資産である。これについてはきわめてシンプルなのでわかりやすい。

他方で、すぐに現金化できない持ち物が有形固定資産になる。

たとえばPCやスマホがそうだし、自家用車や持ち家などもここに入ってくるだろう。

さらに、これには一定の解釈の余地があるかもしれないが、資格や免許、過去の学歴や職歴、現在の肩書きなども、有形固定資産の一種だと見なすことができるだろう。

貸借対照表の中身

流動性	会計上の資産		信用資産	
高 ↑	流動資産	現金 預金 売掛金	現金・預金 株式・暗号資産 PC・スマホ 自家用車・持ち家 資格・免許 学歴・職歴	信用1・0
流動性	有形固定資産	備品 機械設備 不動産		
↓ 低	無形固定資産	特許・商標 ブランド 独自技術 顧客基盤	知識 技能 経験 人脈・人間関係 才能 人間性	信用2・0

たとえば「公認会計士」「東大卒」という証明書だったり、「元ゴールドマン・サックス勤務」「弁護士」といったキャリアだったり、「○○社 代表取締役社長」「日本の内閣総理大臣」といった立場そのものも、かなり輪郭がはっきりした「持ち物」である。

では、人が持っている「無形固定資産」とは、どんなものだろうか？

まだ列挙されていない「あなたの持っているものすべて」が、ここに含まれることになる。

学歴そのものは有形かもしれないが、学生生活のなかで得た知識は、無形の資産だと言えるだろう。

また、仕事をするなかで得た技能や経験も、ここに入れられる。さらには、仕事や生活のなかで築いてきた人脈や人間関係もそうだし、あなたが持って生まれた才能や人間性そのものだって、無形固定資産だと言えるだろう（ここからはもう少し短く「無形資産」と呼ぶことにしよう）。

さて、この節でぼくらが考えているのは「信用を高めるうえでは、どんな資産を増やせばいいか？」ということだった。

結論から言えば、この問いに対する答えは、信用1・0と2・0に大きく分かれる。

- **信用1・0――目に見える資産（流動資産や有形固定資産）を重視する**
- **信用2・0――目に見えない資産（無形資産）を重視する**

旧来の信用1・0に留まっている人は、目に見えるもの・手触りのある資産だけを頼りにしている。

だから、結婚相手を選ぶときにも、給料や貯金額が多いかを気にしてしまうし、有名企業に勤めていたり立派なマイホームを持っていたりすれば、ちゃんとした人なのだと感じてしまう。

高価な腕時計をコレクションしていたり、高級車を乗り回していたり、豪邸に住んでいたりすれば、それだけでその人に一目置きたくなってしまう。

「ハーバード大卒」とか「元マッキンゼー勤務」とか「弁護士」、みたいな経歴を見せられると、それだけでコロリとダマされてしまう。

また、この補助線を引くことで、「堀江貴文はなぜこんなに信用されるのか?」という問いは、かなり答えやすくなる。

ぼくは、流動資産や有形固定資産の点では、それほどの資産家とは言えない。ライブドア時代にはもちろんかなりの金融資産を手に入れたが、そもそもたいした執着がなかったこともあり、今ではもうたいして手元には残っていない。

豪邸に住んでいるわけでもないし、ホテル暮らしなのでそもそもほとんどモノを持っていない。

東大に入学したものの卒業していないし、経歴ということで言えば、実刑判決を受けて長野刑務所に収監されたというマイナス資産もある。

それでも、いまだに多くの人から信用されているのは、ぼくが積み上げてきた無形

資産のおかげだ。

ぼくがこれまでやってきたことや語ってきたこと、そのなかで得た体験や知見……そうした目に見えないものに、人々が高い価値を感じてくれているからこそ、ぼくには信用が集まっているのである。

そしてぼくは、こうした信用のあり方、すなわち信用2・0のほうを大切にしたいと考えている。

ぼくが「人生でいちばん大切なものは信用だ」と語るとき、それはあくまでも無形資産から生まれる信用2・0のことを言っている。

ぼくの持っているお金や過去の実績なんかでだれかに信用してもらいたいなどとは、1ミリも思わない。そんな信用はクソくらえだ。

こうして考えてみると、「どうして堀江貴文のような人間が信用されているのか、さっぱりわからない！」などと叫んでいる人たちは、どうやら嫌味や当てつけを言っているわけではなさそうだ。

彼らは「お金」や「モノ」や「肩書き」といった具体的な証拠を見せられないと、人を信用することができない。だから、彼らにとっては、ぼくという存在が本当に文字どおり「謎」として映っているのだろう。

さて、みなさんは「目に見えるもの」がなくても、だれかを信用できるだろうか？　あるいはだれかの無形資産に魅力や可能性を感じて、思わずその人を信用したくなった経験があるだろうか？

少しでも思い当たることがあるなら、その人はラッキーである。信用2・0を積み上げる素地がある。

あとちょっと踏み出しさえすればいい。

TRUST

本当の信用は「目に見えない価値」から生まれる。

04

信用資産は「前借り」できる。

現金などの流動資産や、勤め先の肩書きやマイホームのような有形固定資産ではなく、その人の人間性や経験などの無形資産をリッチにする――そのことによって獲得していくのが「信用2・0」の基本的な考え方だ。

では、なぜ現代においては、これほど無形資産が大事になってきたのだろうか？
なぜ「無形資産＝信用資産」という図式が成立するようになったのだろうか？

その理由は、単純に言えば、流動資産や有形固定資産がわりと簡単にだれの手にも入るようになったからだ。

地道に働いて節約すればお金は貯まるし、そのお金で家でも車でも買えないものはない。またちょっとがんばって勉強すれば、それなりの大学には入ることができるし、就職した企業の役職に就くことだって、そんなに難しいことではない。今の会社がどうしても合わないなら、転職するという道だってある。

かつては、お金やモノを多く所有していることが「人から信用される条件」だった。

極論すれば、「年収500万円の人より年収1000万円の人のほうが、2倍信用できる」というような時代だったのだ。

だからだれもが、お金やモノや肩書きを得るために、必死で努力した。

しかしこの令和の時代、「所有している資産」の大小には、さほどの意味がなくなってきている。

もはや社会は、シェアリングエコノミーやフリーミアム（基本無料のビジネスモデル）にシフトしつつある。所有からシェアへと潮目が変わっている。ベーシックインカムは日本でも議論されつつある。

また、ドッグイヤーと呼ばれるほどテクノロジーの進化やビジネスルールの変化が目まぐるしくなり、会社やビジネスモデルの賞味期限もすぐに尽きてしまう。現代においては、今どの企業に勤めているとか、どんな資格を持っているかとか、肩書きが何であるかで人を評価することが、かなり難しくなってしまったのだ。

一方で、人間性や知識や経験といった無形資産は、その人だけに備わるものだ。時代や環境の変化も受けづらいし、他者からマネされることも、盗まれることもない。

それ以外の資産の価値が不安定・不明瞭になってしまった現代では、最も安全かつ安定している無形資産こそが、人を評価するときの軸になり得るわけだ。

それでもやはり、「目には見えない資産？　そんないい加減な価値なんか、やはり信用できない」という人はいるだろう。

たしかに無形資産それ自体には「実体」がない。目で見たり手で触れたりすることができない。

しかし、この「実体がないこと」は、無形資産にとっては弱みであるどころか、強みにほかならない。

これはどういうことだろう？

たとえば、100万円の現金を持っていたとしよう。この100万円には当然ながら、だれから見ても100万円の価値しかない。「ここに100万円あるから1000万円を貸してください」と言っても、だれもそんな取引には応じてくれないだろう。

しかし、あなたのキャリアや経験や知識、人間性といったものは、それを評価する人によって価値が大きく異なる。ある人から見れば500万円の価値しかなくても、別の人から見れば1000万円や1億円といった価値があるものとして考えられたりもする。

だからこそ、「私のスキルと経験を買って年1000万円で雇ってください」という交渉は十分に成立するし、社会での実績がない学生でも「若さ」「柔軟さ」が信用資産として機能するからこそ、新卒採用の対象になったりするわけだ。

このゼロ金利時代、現金（流動資産）を持っていても利息は微々たるものだ。かたちのある資産をより高額で転売できることなんてほとんどないし、学歴や資格や肩書きの価値は暴落している。

その一方で、無形資産には実体がないからこそ、それを見る人によって評価は大きく左右される。

だからこそ、レバレッジ（借金で大きなリターンを狙うこと）を効かせて、より早く、より多く資産を増やすことが可能なのだ。

お金やモノや実績を持っていなくても、「目に見えない価値」の部分をしっかり伝えることができれば、その人は大きな信用を「前借り」することだってできる。

これは決して詐欺めいた話ではないし、これは人だけでなく企業でも同じである。まだ大きな実績がなく、微々たる収益しかあげていないベンチャー企業が、未上場企業に投資するベンチャーキャピタルやエンジェル投資家たちから多額の資金を調達できるのは、彼らがその会社の無形資産に魅力を感じているからである。

その会社のビジネスモデルであったり、ビジョンであったり、経営者の人柄であったりに、大きなポテンシャルを感じているからである。だからその企業は「信用できそうだ」という評価を下される。

人間の場合も同じだ。

ぼくが何か新しい事業をしようと思ったときに、「堀江は元ライブドア社長だから」とか「東大に合格しているから」とかいう理由で協力しようとする人はいない。ましてや「堀江はカネを持っているから信用していいだろう」なんて人は皆無だ。そもそもぼくが持っている現金なんて、世の中のお金持ちに比べたらたいしたことはない。

ぼくを支援してくれる人、ぼくの挑戦を後押ししてくれる人、つまり、ぼくを信用してくれる人たちは、ぼくという人間が持っている「無形資産」を見てくれているのだ。

あなたは自分が持つ無形資産の価値を人に伝える努力をしているだろうか？

もし何もしていないのだとすれば、今あなたが人から信用されていないのは当然である。何も行動を起こさない限り、その状況はこれからも続くだろう。

TRUST

信用をいかに「前借り」するかという発想が大事。

05

自信は、やり遂げた「回数」に比例して成長する。

人間性や知識や経験といった、自分の無形資産を増やすこと——。

これが新時代の信用を得ていくための最善の方法である。

そうなってくると、次に気になるのは、そのための無形資産は「どうすれば増やせるのか？」ということだ。

無形資産を増やすために何よりも必要なもの、それは「自信」だ。

つまり、目に見えない価値を「自分が信用できているか」が大切になる。

考えてもみてほしい。無形資産には実体がないのだ。

ただでさえ曖昧なものなのに、当の本人がその価値を信じていなかったら、ほかのだれが信用してくれるだろうか？

ふつう、人は、自信がない人に何かを任せようとは思わない。

あなたの周りにも「どうせうまくいかないんじゃないか……」「たぶん損することになるかも……」などと、ネガティブなことばかり言っている人がいるかもしれない。

そういう人はきっとだれからも信用されていないはずだ。

逆に、健全な自信を持っている人には、安心して任せられる。

ぼく自身、何か頼みごとをするときには、すぐに「できます！」「大丈夫です！」と胸を張って言ってくれる人を選ぶようにしているし、そういう人はこちらから支援したりコラボしたりしたくなる。

とはいえ、なかなか自信が持てないという人もいるだろう。

とくに日本人には、「自分はまだ何も成し遂げていないし……」とか「自分には人に誇れるようなものがなくて……」などと言って、卑下するような人が少なくない。

たしかに自信を持つためには、成功体験が必要だ。

なんの根拠もなく、できもしないことを「できる」と言っている人は論外だ。それは自信でもなんでもなく、単なる「ホラ」だから話にならない。自信は必要だが、それを裏打ちするだけの成功体験がセットで求められる。

しかし実のところ、世の中を見渡してみると、自信を持てない人に足りていないのは「成功体験」ではないのだ。

彼らはたしかに一定の成功を積み重ねている。自信を持つのには十分すぎる体験をしているのに、そうしたものを全部スルーしてしまっているのではないだろうか？それではいつまで経っても、まっとうな自信を持つことができない。

ぼくに言わせれば、自信が持てない人というのは「注意力が足りていない」のだ。

自信を持つために必要なのは、起業を成功させるとか甲子園に出場するとかいった、スケールの大きな成功体験ではない。あなたしか知らない「小さな成功体験」でも十分なのだ。

自信がない人は、そうした小さな成功体験に注意深く目を向けられていないだけである。

勘違いしてはいけないが、成功とは「みんなに認められる偉業」ではない。自分なりに何か目標を定め、仮説を立ててそれに挑み、成果をあげる――これが成功である。

この要素を満たしているならば、どんなに小さなことでもかまわない。

仕事でちょっとしたチャレンジをするのでもいいし、YouTubeチャンネルを開設して1000人の登録者を獲得するだけでもいい。

健全な自信を持っている人と、いつまでも自分に自信がない人とのちがいは、成し遂げた成果の「サイズ」ではなく、自分で決めたことをやり遂げた「回数」である。

そうした積み重ねが、自分の無形資産を増やすための「自信」をつくっていくのだ。

わかりやすくぼくの例を挙げるなら、東大に合格したことなどは、ぼくの自信につながった。

当時は「お前なんか合格できっこない」と周りから言われていたが、自分なりに勉強法を考え、計画を立て、実践し、合格をつかみとった。これによって、ぼくは「必要なことをきっちりやっていけば、自分はゴールにたどり着ける」という手応えを得ることができたのだ。

勘違いしてほしくないのは、ぼくは「東大生」という肩書きを得て、自信をつけたわけではないということだ。

ここで言っているのは、あくまでも「自分の力で受験というプロジェクトを攻略した体験」によって、自分の無形資産に対する自信が生まれたということである。

日本にはどうも謙遜することを美徳とする風潮がある。

しかし、自分の「目に見えない資産」を誇るのは、決して恥ずかしいことではない。

ダサいのは、かたちのある資産を増やして、自信を持とうとする人間のほうである。

金持ちになった途端に態度がデカくなる人。

いい年になってもいまだに東大卒であることを鼻にかけている人。

ブランド品を身にまとっていい気になっている人。

子どもにお受験をさせていい学校に入れたことを自慢している人。

……枚挙にいとまがないが、いくらカネ・モノ・肩書きを根拠にして自信をつくった気になっていても、その人に信用が集まることはないだろう。

むしろ、そういう人たちは、自分の人となりに自信がないのだろう。だからこそ、目に見える資産で「武装」して、自分の無形資産の乏しさを隠そうとしているわけだ。

こういうのは、はっきり言って、みっともない。

自分が持っている「流動資産」や「有形固定資産」ではなく、目には見えない「無形資産」の価値を信じられる、健全な自信を抱ける人になろう。

TRUST

自信が持てない人は「自分の小さな成功」に気づけていないだけ。

06

自分を「消費」するバカ、自分に「投資」する天才。

人から信用を得るためには無形資産が不可欠であり、それを増やすためには成功体験に基づいた自信が必要だ。

ところで、どんなに小さな成功であっても、何かを成し遂げるためには、それなりの「投資」が求められる。「何もしないでいたら、いつのまにか成功していました」というのは、ぼくの考える「成功」ではない。

ここで言う「投資」とは、自分自身に対する投資である。

といっても「専門学校に行って資格をとれ」とか「ビジネススクールでＭＢＡをとろう」ということではない。資格や卒業証書をいくら集めても、それは無形資産にはならない。

そんなお金をかけずとも、いくらでも投資はできる。たとえば本を読んで何かを学ぶことも立派な投資だ。スマホからつねに新しい情報を集めることも投資だ。サロンなどに参加し、新しいことにチャレンジするのだって、自分を成長させる投資だと言える。

もちろん、専門学校やビジネススクールの学費を払って、そこで学ぶことも投資であることは間違いない。

しかし、「資格をとれば信用を得られる」「ＭＢＡホルダーなら信用される」などとは思わないことだ。

それはどちらかというと、かたちあるものの価値に基づいた信用１・０的な考えだ。大事なのは、そうした場で得られる知識や経験や人脈であって、そこを卒業したという事実や資格の証明書そのものに価値があるわけではない。

ぼくはお金があったら、おいしいお店を巡ったり、世界各地を旅行しているが、これも自分に対する積極的な投資である。

どれだけおいしい料理を食べても、旅先でいろんな人に出会ったりアクティビティを体験しても、それはかたちには残らない。

言ってみれば、お金という流動資産をどんどん使い、それを有形の資産ではなく、無形の資産に変えているわけだ。

お金は減っていくし手元には何も残らない生き方だが、それでいい。**そうすることで得た知見や体験こそ、世の中に二つとない、ぼくという人間の無形資産にほかならないからだ。**

無形資産を増やすためであれば、お金やモノなんて、どんどん手放していけばいい。どんどん楽しい体験をして、おいしいものを食べ、自由に旅をし、思いっきり遊べばいい。

あなたの学歴や預金残高や肩書きなんかよりも、それらの経験を積み重ねて醸成されたあなたという存在そのものこそが、周囲からの信用を高める源泉になるのだから。

TRUST

お金やモノをため込まず、どんどん信用資産に換えていこう。

07

即答で「できます！」が最強。

いろいろなことに挑戦して成功体験を重ね、自信をつける。
それと並行して、自分の無形資産をリッチにするために投資を続ける。

これであなたの信用は着実に増えていくが、これだけでは不十分だ。
より大きな信用を、より早く手に入れるには、さらなるプラスアルファが必要になる。

それが56ページでも少しだけ触れた「信用の前借り」のための技術である。

まずはぼく自身の話をしよう。
まだ東大に籍があって、ＩＴ企業でアルバイトをしていたころ、その会社の人からこんな声をかけてもらったことがあった。

「ある会社から『Ｗｅｂシステムを構築してほしい』って依頼が来ているんだけど、うちでは受けられなさそうなんだ。堀江くん、よければ個人でやってみない？」

これは、起業を考えていたぼくにとって、顧客とのつながりをつくるまたとない機会だった。

ぼくは迷うことなくその場で「やります！　できます！」と言いきった。

蓋を開けてみれば、その取引相手は「オラクル」だった。

ソフトウェア業界では世界で5本の指に入るほどの有名企業だ。無名のぼくがそんな会社と仕事ができるのは、なんともありがたいことだった。

実のところ、ぼくはオラクルのシステムを使ったことがなかった。もっと言えば、自分でシステムをつくれるだけの知識があるかどうかも怪しかった。

しかし「できます！」と言ってしまったのだから、もう後戻りはできない。

やるしかなかった。

ぼくはその話を受けたその足でまっすぐ書店に向かい、専門書を何冊も購入して読み漁った。

かくして、どうにかこうにかシステムをつくり上げ、何食わぬ顔で納品までを終えたのである。

ぼくは終始、あたかも「こんなこと、できて当たり前」というような顔をしていたから、当時関わってくれた人たちは、まさかぼくが見えないところで必死に勉強しながら付け焼き刃で仕事をしていたなんて、思いもしなかっただろう。

アルバイト先企業の人はきっとぼくのことを買ってくれていたのだろう。だから彼は「こいつになら任せても、案外やりきるんじゃないか」と感じてくれていたんだと思う。

そして、そうやって「前借り」した信用をぼくは無駄にしなかった。
「いや……実はオラクルのシステムを使ったことがなくて……」とか「もう少し勉強をしてから、機会を改めてやってみたいと思います」みたいなことは、絶対に言いたくなかった。

チャンスを逃さないために、「できます！」と即答した。

「ハッタリ」と言われれば、そのとおりかもしれない。

でも、急いで必要な知識を身につけて、求められた結果を出してしまえば、それはハッタリではなく「実力」になる。最終的にやりきってしまえば「できます！」はウソにはならないのだ。

こうやってぼくは、前借りした信用を使って、さらなるテクノロジー知識やシステム開発の経験、オラクルとの関係性といった無形資産を得ることができた。今にも大学を中退しそうな学生では、なかなか得られないような信用を、短期間で一気に築くことができたのである。

このエピソードには、より大きな信用を、より早く手に入れるための本質が含まれていると思う。すでに述べたとおり、無形資産には実体がなく、その評価は人によってかなりちがう。

だからこそ、もしあなたの能力や人間性を評価してくれる人が現れて、少しでもチャンスをくれたりしたら、絶対にそれを無駄にしてはいけない。

もしもそのチャンスが自分の能力を超えているように思えても、尻込みしてはいけない。

そもそも「できること」だけに挑戦しようとするのは間違いだ。

安全地帯に閉じこもって「やったことがあること」「やれそうなこと」だけやっていては、信用を構築するスピードは、すさまじく遅くなる。自分の能力や価値に保険をかけていたら、信用なんていつまで経ってもつくれないのだ。

だから、チャンスが来たらとにかくハッタリをかまして引き受けてしまおう。

本当は50の力しかなくても、もし100の仕事が来たら「できます！」と答えてしまおう。

最終的に「できます！」がウソにならなければ、それでいい。
あとは覚悟を決めて、それをやり遂げるために必要なことをやるだけだ――。
ぼくはいつも、そうやって信用を集めてきた。

TRUST

**実力以上の仕事こそ引き受けよう。
やり方はあとから考える。**

第 2 章

信用革命で価値観をアップデートせよ

ぼくが大切だと考えている「信用」のエッセンスを解説してきた。信用とはそもそもどういうものか、「信用1・0」と「信用2・0」のちがいは何なのかについて、おおよその部分を理解いただけたのではないかと思う。

かつては「信用1・0」的な考え方が通用した時代もあった。だが社会のパラダイムシフトに伴い、そうした価値観や行動様式が現実に合わなくなってきた。テクノロジーの急速な進化で、個人の人生のあり方、生き残り方の最適解が以前とは一変してしまったのだ。だからこそ、これまで信用されてきた人ほど、「信用」観を自らアップデートしないと、信用を失っていく時代に入ってきている。

しかし、なぜ信用1・0的な考え方は、もはや通用しなくなってきたのだろうか？　その背景にはどんな変化があるのだろうか？　本章では、その中核とも言うべき「5つの信用革命」を見ていくことにしよう。

08

「情報」を自分で調べない人＝おわっている人。

大企業に就職しても、資格を取得しても、お金を貯めても、マイホームを購入しても、もはや信用が増えることは期待できない。そんなことよりも大事なのは、あなたが「これまでやってきた行動（過去）」から得た知識や経験、さらには「今やっている行動そのもの（現在）」だ。

それこそが「あの人は頼りになる」「一緒に仕事をしたい」「支援したい」という信用につながるのだ。

言うまでもないが「将来何をしたいか（未来）」は、評価の対象にはならない。

やりたいことがあればすぐやるべきで、「将来的にいつかやろう」とか「まずは勉強してから……」などと言っている人は、結局いつまで経ってもやらないか、だれかに先を越されるだけだ。そんなにのんびりしていては、経験の数でも負けてしまう。

いずれにせよ、やりたいことを先送りしても、何もメリットがない。

たしかにひと昔前は、やりたいことがあっても、すぐにはやれない事情があった。師匠に弟子入りしてノウハウや技術を身につけたり、学校に通って資格を取ったりしなければならないケースも少なくなかった。自分に合った師匠や学校を探す手間も、今とは比べものにならないほど大変だった。学費を払うなら、その貯金をするための期間だって必要だっただろう。

たとえば新しいビジネスをはじめようと思っても、その業界に詳しい人とコネクションがなければ、ほしい情報を入手することができなかった。

つまり、情報よりも人とのつながりが成功のカギを握っていたのだ。だからこそ、情報や人脈を持っている教師や専門家などが信用され、そこで学ぶことこそ是とされてきた。

だが、今はインターネットとスマホがある。

テクノロジーの進化によって、今は手元のデバイスで検索すれば、だれもが自由に情報を得られる時代だ。

情報はいわば「民主化」されたのだ。やる気があれば、小学生だってビジネスをはじめられる。わざわざ大学に行って経営を学び、就職して社会人経験を積む……なんて10年コースのまわり道になるルートをとる必要はない。
ぼく自身、プログラミングにしろ、ビジネスにしろ、だれかに教わったわけではない。

これからの時代、世の中で大きな成果を出していくのは、どこかの学校や企業の出身者ではなく、「自習した人」になるだろう。

自分で情報を探し、理解し、より早く行動に移した人が、より多くの成功と信用を手に入れる。

逆に言うと、どれだけいい学校を卒業しようが、一流企業に就職しようが、そこでまじめに働こうが、古いレールに乗っかっているだけの人は危機感を持ったほうがいい。自分で情報をとれない人、自分で人生を打開しようとしない人は、残念ながら行き詰まる。

以前、「ガールズちゃんねる」という女性向け匿名掲示板に、こんな書き込みがあった。

「アラフォーの会社員です。

主は手取り14万円です…

都内のメーカー勤続12年で役職も付いていますが、
この給料です…

何も贅沢出来ない生活
日本終わってますよね？」

あるニュースサイトが「日本の格差事情」をテーマとする記事を配信した際、このスレッドを立てた人の発言は大きく取り上げられ、それに対して多くの共感の声が寄せられた。

だが、ぼくはこのニュースに対してツイッター上でこう書いた。

「日本がおわってんじゃなくて『お前』がおわってんだよwww」

これがものの見事に炎上した。

さて、あなたはこの一連のやりとりを、どう考えるだろうか？

おそらくこの投稿をした人は、先生や親の言うことを疑いもせず鵜呑みにし、「いい子」として生きてきたのだろう。そうすれば人生は安泰で、社会的にも信用される、と信じてきたはずだ。

スマホやネットが発達していない時代なら、それでもよかったと思う。情報を得る手段がなかったのだから、与えられた枠内でしか生きる術が見つけられないのも無理はない。

しかし、今はスマホやＰＣがあれば、なんでも学べる時代だ。

なぜ、この愚痴を書き込んだそのツールを使って、もっと自分の生き方を最適化するための情報を探さないのだろうか。

たとえば、YouTubeを開けば、動画編集のやり方を解説した動画が山のように表示される。

これで技術を身につけて、クラウドワークスなどで動画編集の外注を探せばいい。今や動画をつくりたい企業は溢れるほどあるのだから、仕事を見つけてくるのは簡単だ。

仮に1本5万円の仕事を月に5回でもこなせば、それだけでも25万円だ。手取りベースでも14万円はかるく超えられる。動画編集のようなスキルがいらない、データの打ち込みのような仕事だって、ネット上にはたくさん転がっている。

知識ゼロでもっと稼げる仕事がたくさんあるのに、いつまでも月14万円の仕事で搾取され続けているなんて、どう考えてもおかしい。これは会社や国のせいという以前に、自ら情報をとって、自ら動こうとしていない本人の問題だ。

ぼくは、お金を稼ぐことを推奨したいわけではない。

たとえば、地方に暮らしているのであれば、生活するために1本5万円の仕事を必死で月10本こなして50万円稼ぐ必要があるかというと、必ずしもそんなことはないだろう。一人暮らしなら、手取りで20万円くらいあれば、日本の地方ではかなり優雅な暮らしができるし、金額としてはそんなに悪くないはずだ。

スマホがあってネットがつながっていれば、YouTubeを見たりゲームをしたりして、それなりに楽しく暮らせる。しかも、その気があれば、都会の5分の1くらいの生活コストで暮らせるエリアもある。たまにＬＣＣ（格安航空会社）で好きなところに遊びに行けばいい。

自分で情報をとり、それを活かす姿勢さえあれば、なんでもできるということだ。

ぼくと一緒にロケット開発をしているメンバーも、ネットで公開されている論文を漁って、そこからモノをつくるところからはじめている。

逆に、それができなければ、どんなに立派な学歴や職歴、資格を持っていても、その人は自分で人生を切り開けない人だということになる。こんな状態が続けば、いつまでも信用されないどころか、時代の流れとともにどんどん信用を失っていくことになるだろう。

「おわっている人」にならないために、情報を自分でとり続けよう。

【TRUST】

何か1つでいいから、YouTubeで学んでみよう。

09

プロと素人の境界線なんてない。

「情報」をめぐる信用革命が起きた結果、もう1つの革命も誘発されることになった。
それが「専門性」をめぐる革命、いわば「素人革命」だ。

もはや記憶の彼方になりつつある人も多いと思うが、東京オリンピックの開催を控えた数年前に、公式ロゴデザインの盗作疑惑が持ち上がった件を覚えているだろうか。SNS上ではこの件をめぐって、さまざまな意見が飛び交うことになった。ロゴの選考過程が不透明だったこともあり、なかには「あんなデザインがどうして選ばれるのか理解できない」とか「あんな仕事なら、俺でもできそうだ」といった批判的な声もずいぶんあったようだ。

そんなとき、ネットを中心に活躍しているマンガ家のかっぴーさんが、そうした論調に対してこんな憤りのツイートをしていた。

「オリンピックロゴ問題は、未だ、デザイン業界を傷つけ続けている。
デザイナーを何だと思ってるんだ。

誰が、デザインは誰もが出来るものだと錯覚させた？
専門職なんだよ、単純に。
日本を代表する料理人を決めるコンペでさ、
『なんで主婦が参加できないのか』って言うか？
ばーか！」

彼は「職業としてのデザイナー」をリスペクトする意味で、このようにコメントしたのだろう。

つまり「一定の専門性を持っているプロでなければ、オリンピックロゴのような大きな仕事に携わる資格はない。だれにでもできる仕事だと思うな！」と言いたかったのだと思う。

しかし、ぼくは「プロや専門家だけが何かを成し遂げられる」「一定の基礎や下積み期間がなければ、信用に足る仕事はできない」という考え方は、もはや古いと思う。

これまでは情報の非対称性、つまり「知っている者」と「知らない者」とのあいだに大きな壁があった。

前者はプロと呼ばれ、後者は素人と呼ばれた。そして、プロになって初めて、一定の信用を得ることができるものとされていた。だから、だれもががんばって修業したり、資格をとるための勉強をしてきたわけだ。

だが、すでに見たとおり、現代では情報が民主化され、だれでも手に入るようになった。専門的な知識がなくても、クオリティの高いアウトプットができてしまうテクノロジーも、どんどん生まれている。

その結果、プロと素人の壁はほとんど消えたと言っていい。遊びや趣味を活かして、プロともはや変わらない水準の仕事をする人がどんどん出てくるようになった。

たとえば、今やiPhoneのシャッターを押せば、簡単にいい雰囲気の写真が撮れてしまう。

ひと昔前までは、写真学校で学んだカメラマンや、高画素のデジカメでなければ撮れなかったようなクオリティの高い写真が、だれでも一瞬で撮れてしまうのだ。スマホのアプリを使えば、あとから写真を加工することだってできてしまう。

いまだに「でも、しょせんは素人の仕事でしょ？」などと言っている人は、本当に認識を改めたほうがいい。

ここ数年は、カメラマン経験をしたこともない素人が、副業として「ストックフォトサービス」などを介して写真を販売し、収入を得ているケースもある。必要な機材はスマホだけ。それにもかかわらず、プロのカメラマンと同水準、いや、場合によってはそれ以上の収入を得ているインスタグラマーなども珍しくないのだ。

「素人革命」で大事なポイントは、知識や技術の絶対的な水準は問われないということだ。

クライアントとあなたの個性が十分にマッチングできていれば、ファンは獲得できる。だから、たとえばイラストレーターになりたいなら、どんどん描いて、自分のブログやSNS上でどんどん発信すべきだ。「もう少し上達してから」なんて言ってる場合ではない。

また、プロや専門家がやろうとしないことに、大胆に挑戦できてしまうことも素人の強みだ。

YouTuberたちが人気を獲得できたのも、テレビマンたちがまずやろうとしなかったような試みになりふりかまわずチャレンジしたからだろう。プロだからこそ、ある種の「常識」にとらわれてしまうことがある。

素人は無知を武器にして、そういう「既存の枠組み」や「業界のしがらみ」を軽々と飛び越えてしまうことができるのだ。

「プロにならないと信用されない」なんて思い込みは、もう捨てよう。

TRUST

素人上等。やるかやらないか、それだけだ。

10

「ウソの人気や影響力」はバレる。

素性をよく知らない人について「仕事ができそうか」「仲間にしたいか」を判断しなければならないとき、あなたはその人のどんなところに目を向けるだろうか？

過去には、その人の卒業大学や勤務先が重視されてきた。

人のことを肩書きだけで評価するなんて、なんとも寂しい話だが、情報が乏しい時代にはそれも致し方なかったのだと思う。学歴や職歴くらいしか、その人の信用を「可視化」できる手段がなかったからだ。

でも今はちがう。

ＳＮＳでは、一発で「その人がどれくらい信用されているか」が可視化されてしまうからだ。

どんなにすごい大学を、どんなにすごい成績で卒業していても、

どんなに立派な会社で、どんなにすごい実績を上げていても、

もしＳＮＳのフォロワー数が少なければ、その人は信用されているとは言えないだ

ろう。

なぜなら、フォロワー数が少ないということは、世の中の人が「こいつの話には耳を傾ける価値はない」と判断しているということにほかならないからだ。

そういう意味で、SNSというのはきわめてシンプルで、きわめて残酷なツールだ。狭い世界に閉じこもって、「俺は世の中から信用されているぞ！」「みんなも私の話を聞きたがっているはずだ」といい気になっていた人でも、いざSNSをはじめてみれば、実はだれからも信用されていなかったことが露呈してしまうからだ。

もちろん、フォロワー数を増やすハックは存在するので、ただちには「フォロワー数の多さ＝信用力の高さ」とは言えないかもしれない。

しかし、「フォロワー数の少なさ＝信用力の低さ」なのは、ほとんど間違いがないだろう。本当にその人が大勢から信用されているのだとすれば、なぜだれもその人をフォローしたがらないのだろう？　考えてみればわかる。その人をフォローしても、何も有益な情報が得られないからだ。

「フォロワー数なんて、SNSという限られた空間のなかでの信用にすぎない」なんて考えている人は、相当に危機感を持ったほうがいい。

もはやSNS上の影響力こそが、その人の信用力を表す指標として現実的にも活用されつつあるからだ。

最も典型的なのは「インフルエンサー採用」だろう。

全国でメガネの製造販売を手掛ける株式会社オンデーズは、SNSのフォロワー数が1万人以上の人に限り、選考フローを大幅にスキップして優先的に最終面接に進めるというしくみを取り入れている。「サイバー・バズ」や「TOKYO BASE」なども、フォロワー数や「いいね！」数をもとに人材採用を行っているという。

「そんないい加減な採用で大丈夫なのか」と思うだろうか？

けれど、履歴書に書かれたわずかな情報や10分ちょっとの面接だけで、その人を見きわめようとするほうが、よっぽど無理があるのではないだろうか？

ふつうの人が1万人以上のフォロワーを獲得するのは、なかなか大変だし、それなりの試行錯誤や粘り強さ、才能が求められる。**履歴書や面接であればいくらでもごまかしがきくが、SNSはそういうわけにはいかない。**まさにその人の「地力」が可視化されるのである。

本書冒頭で「堀江のことなんて信用しない」という人が多くいることは述べたが、それでもやはりぼくには膨大な数のフォロワーがいる。

ツイッターでは350万人以上のフォロワーが、YouTubeでは160万人以上のチャンネル登録者がいる。ぼくのことを「信用できない」と言うのは勝手だが、そう言っている当人がぼくよりも信用の厚い人物であるケースはほぼ皆無だ。残酷に聞こえてしまうかもしれないが、それが動かしがたい事実なのである。

これを象徴するケースを紹介しよう。

COVID−19、いわゆる「新型コロナウイルス」が世間を騒がせはじめた2020年3月のこと。当時、ぼくは大きな違和感を抱いていた。マスコミがあまりにも「コロナ脅威論」を煽りすぎていたからだ。

その報道が、科学的な事実、現場を知る専門家の意見に基づいているのならまだいい。

しかし、みなさんも気づいていたと思うが、現実はそうではなかった。無責任なコメンテーターや怪しげな専門家が「ウイルスは怖い！」「世界は大変なことになる！」と連日のようにテレビのワイドショーでまくし立てていたのだ。これでは視聴者を恐慌状態に陥れるだけだ。

ぼくはコロナ騒動で日本中が揺れるなか、「みんなに冷静な判断をしてほしい」と考えた。

恐怖で人の心を支配しようとする人たちが、どうしても許せなかった。いたずらに怖がらせるのではなく、科学的に正しい情報を届けたかった。そのうえでどう行動するかは、各人に委ねればいいのだ。

とはいえ、ぼくはウイルスの専門家でもなければテレビ局のディレクターでもない。

そこで、ぼくはYouTubeの「ホリエモンチャンネル」で、当時、アメリカ国立衛生研究所、アメリカ国立アレルギー感染症研究所（NIH/NIAID）で博士研究員を務めていた峰宗太郎医師にインタビューすることにしたのだ。

病理学・ウイルス学・免疫学の専門家である峰先生に、日本よりもパンデミックが深刻だったアメリカの最前線から、科学的な事実をわかりやすく語ってもらおうと考えた。

前編・後編に分けて公開されたこの動画は、合計370万回以上視聴された。コメント欄にも「いちばん腑に落ちる情報だ」「わかりやすい」「テレビの井戸端会議より1万倍有益」といった評価が並んでいる。

ぼくはあのとき、日本の感染症に対するリテラシー向上に、少なからぬ貢献ができたと自負している。

峰先生は紛れもないプロフェッショナルだが、同時に、専門家でもないぼくが発信した情報が、あそこまで世の中にインパクトを与えられたことは、まさしく前述した「素人革命」の典型だろう。

しかし、ここでフォーカスしたい点は、そこではない。

考えてほしいのは、あのとき寝る間もないくらい忙しかった峰先生が、面識もないぼくの申し出をなぜ快諾してくれたのかということだ。

それはぼくの信用が「可視化」されていたからだろう。

峰先生が希望していたのは、正しい情報やありのままの事実をできるだけ多くの人に伝えることだった。

その目的を果たすための媒体として、当時100万人以上のチャンネル登録者がいた「ホリエモンチャンネル」は信用に足ると判断してもらえたのだろう。

このような信用関係が成立したからこそ、ウイルスの専門家でもない、新聞社やテレビ局の人間でもない1人の人間が、日本のコロナ騒動に一石を投じることができた。あの混乱の最中、みんなが求めている情報を、全員にではないが、届けることができた。これが「信用」のパワーだ。

信用があれば、自分のやりたいことはもちろん、1人では到底できないことを成し遂げることも可能になる。信用をたくさん得ることで、より大きなチャレンジの機会を得て、自分自身を何倍も成長させることができるのだ。

もちろん、「自分はSNSなんてやらない、興味がない」という人はそれでもいい。SNSをやるにしても、いたずらにフォロワー数を増やすことだけにとらわれるのもバカげている。

しかし、今やSNS上での影響力は、その人の信用力を最も端的に可視化する指標になってしまっていることは自覚しておくべきだ。

そして、「人から大きな仕事を任せてもらいたい」「自分に投資してほしい」と少しでも考えるなら、やはりこの指標を無視するわけにはいかない。

信用は「目に見えないもの」だからこそ、「信用革命」の時代においては、SNS上の影響力が強力な武器になるのである。

TRUST

SNSは信用を可視化し増幅する最強の装置。

11

お金の価値は下がり続け、信用の価値は上がり続ける。

「お金を持っている人のほうが、持っていない人よりも信用される」と思っている人が世の中には多い。

何をするにしても「先立つものはお金」という考えがあるのだろう。

ぼくはまったくそんな考えを持ち合わせていない。

でも世間は、ぼくをそうした人種の同類、それどころか、典型だと思いたがっているようだ。

SNSやメルマガ、書籍などで発信することによって、ずいぶんイメージは変わってきたものの、いまだに「堀江貴文＝カネが大好きな男」というイメージを持っている人は多い。

ぼくはこれまで「お金が好き」だとか「お金のために働いている」などと発言したことは一度もないし、実際、そんなふうに思ったことさえない。

結局のところ、人は自分の価値観を通してしか他人を評価できない。

おそらくぼくのことを「守銭奴」とか「カネの亡者」のように言っている人というのは、その人自身がかなり「お金の呪縛」に苦しんでいるのだろう。

いつも頭のなかにお金のことがあり、「ちょっとでも多くお金がほしい」「1円でも損したくない」と考えているからこそ、他人を見るときにも「あいつもきっとお金が大好きにちがいない」と思い込んでしまうのだ。


しかも、そういう人はどうやら決して少なくないのだろう。

ためしにグーグルで「堀江貴文」を検索しようとすると、最上位に出てくる関連ワードは「資産」である。だれもがぼくの資産額を知りたがっているということだ。

ネットのなかには「堀江貴文の現在の資産は?」「年収はいくら?」といったまとめ記事もいくつも転がっている。

お金にしか関心が持てない人というのは、本当に気の毒だというほかない。


一方、ぼくにとって、お金はただの「道具」でしかない。

たとえば背中が痒くて、孫の手が欲しいとする。でも、その人は別に孫の手が好きなわけではない。背中の痒みが消えれば、それでいい。お金は孫の手と同じだ。ただの手段であり道具でしかない。いくら背中が痒くても、孫の手をたくさん集めようとするのは、あまりにもバカげている。

「先立つものはお金」というのはウソだ。

「まずお金がなければ何もできない」「一定の資産があってこそ信用が得られる」なんてことを言う人がいるが、これは完全に順番が逆である。

まず必要なのは信用だ。信用を積み上げることができたとき、お金があとからついてくる。

本質的に、お金とはそういうものだったはずだ。

むしろ、これまでの経済が異常だったと思ったほうがいい。従来であれば、信用がなくても、いわゆる見せ金のようなごまかしだけでお金を手に入れる連中というのがたくさんいた。

しかし、テクノロジーの進化によって、そういうウソは通用しなくなってきている。仮想通貨やフィンテックがこれまで以上に発達していけば、もはやグレーなお金というものは存在し得なくなる。

そして、信用を集めた人に、自動的にお金が集まるようなしくみが、どんどん広がっていくようになる。

いちばん典型的なのはクラウドファンディングだ。

もはや説明の必要もないだろうが、群衆（crowd）と資金調達（funding）を組み合わせた造語のとおり、モノづくりやサービスなど、自らのアイデアをインターネット上でプレゼンし、アイデアへの賛同者とそれに必要な資金を集められるサービスである。

「この人（プロジェクト）にならら投資してもいい」と信用さえしてもらえれば、自分の取り組みを支援してもらえるのがクラウドファンディングの魅力だ。まさに「信用」が先立ち、あとから「お金」がついてくるシステムの典型だと言えるだろう。

信用さえあれば、お金はあとからついてくる。

それどころか、信用があれば、お金なしで生きていくことだってできるかもしれない。

あるビジネス誌のインタビュー取材で「ライブドア事件のあと、資産もかなり目減りしたと思いますが、社会的な信用も相当失ったのでは?」と聞かれたことがある。

たしかに、現金や株式のような金融資産がなくなったのは事実だ。事件後のぼくは資産を旧ライブドアに引き渡したため、手元にお金はほとんど残らなかったからだ。

しかし、以前のぼくと今のぼくを比較したとき、同じように信用を失ったかと聞かれれば、ぼくはまったくそんなふうには思わない。

すでに述べたとおり、**お金はすぐに減ったりなくなったりするが、その人の価値の根本である「無形資産」のほうは、よほどのことがないかぎりなくならない。**むしろ、ぼくの「無形資産」は、ライブドアの社長だったときよりも、はるかに大きく膨らんでいる。

だからこそ、ぼくはそれほどお金がなくても困らない。

今でもぼくが「事業を立ち上げよう」と呼びかければ、多くの人が手弁当で集まってくれる。「堀江と一緒なら面白いことができるはずだ」と期待感を持ってくれている。そういう出来事の中心には、いつもぼくの「無形資産」に対する信用があるのだ。

今や、世の中ではインフレや円安で大騒ぎになっている。

インフレというのは、モノやサービスに対して、貨幣（お金）の価値が下がることだ。つまり、みんなが必死になってかき集め、銀行やら証券会社に貯め込んだお金が、どんどん価値を失っていっているのである。

おまけに、日本の通貨である「円」も、米ドルに対して大幅な通貨安が進んでいる。みんなが大好きな「日本円」は、さらにいっそう価値をなくしているということだ。

こうしたトレンドについては、世界情勢や各国の金融政策なども影響しているので、なかなか単純ではないが、しかしより大きな歴史の流れとして「お金の価値が下がっていく」のは間違いのない事実だ。ぼくはこのことを以前から、しつこく繰り返してきた。

もはやお金に頼らなくても、人の信用やものの価値を可視化することはできる。お金だけが唯一無二の価値基準ではなくなっていくのだ。

【TRUST】
金融資産を信じるな。
無形資産をいかに増やすかを考えよう。

12

バカに恵む時間は1秒もない！

さて、「信用1・0」に代わって「信用2・0」とも言うべき新しい信用のあり方が生まれてきた背景として、ここまで4つの「信用革命」について触れてきた。最後に触れておきたい5つめの革命も含めて、全部をいったんまとめておこう。

①「情報」をめぐる信用革命
②「専門性」をめぐる信用革命
③「影響力」をめぐる信用革命
④「貨幣」をめぐる信用革命
⑤「時間」をめぐる信用革命

ここに挙げたとおり、最後に伝えておきたいのが「時間」に関わる考え方である。難しい話ではない。要するに「信用2・0」が支配する時代においては、「時間」こそが最も貴重なリソースになるということだ。

「信用1・0」的な空間のなかで、みんながどんなふうに生きてきたかを考えてみてほしい。

だれもが「お金」を得るために、「労働」というかたちで自分の時間を切り売りしていた。

また、「専門性」や「資格」を身につけるために長期間にわたる修業を積んだり、「大卒」の学歴を得るために10代後半から20代前半という心身ともに充実した期間を無駄にしたりしてきた。これらもまた「肩書き」と時間を交換する行為だと言える。

上司に怒られないために、自宅で快適にリモートワークする時間を捨てて、混み合った通勤電車に乗り込んでオフィスに向かう。

同僚から嫌われないために、家で寝転びながらゲームをする時間を捨てて、会社の愚痴を言い合うだけのクソみたいな飲み会に参加する。

「信用1・0の世界」では、だれもが自分の時間をないがしろにしてきた。

「どれだけ自分の時間を犠牲にしてきたか」が、その人の信用を決めてきたと言ってもいいかもしれない。

他人の信用を得るために、みんな自分の貴重な時間をどんどん捨てていた。**これまでの時代は、言ってみれば「自分の時間をドブに捨てたやつ選手権」だったのである。**

いちばん躊躇なく自分の時間を捨てられた人間が評価され、出世し、お金を手に入れる。

そういう地獄みたいなゲームがずっと繰り広げられていたのが、「信用1・0」の世界だった。

しかし、ここまで語ってきたように「情報」「専門性」「肩書き」「お金」が希少価値を失っていくなかで、わざわざ「自分の時間」を切り売りするのはもはや得策ではない。

むしろ、個人の「無形資産」の豊かさこそが信用の獲得につながる状況では、本当に大切なのは、いかに「自分時間＝人生」を充実させるかになっていく。

「自分時間」を大切にしない人間はもはや信用されないし、「他人時間」を奪う人間は一瞬で信用を失っていくのである。

では、自分時間を充実させるためには、どんな考え方が必要なのか？

これについては以前、ぼくの最近の著書のなかでも最も共感の声が多かった『時間革命』（朝日新聞出版）のなかで、じっくり語っておいた。

ここでそのエッセンスの1つを取り出すなら、それは「打席に立つ回数を最大限に増やす」ということになるだろう。

時間=人生を充実させるための秘訣、それは「圧倒的な手数の多さ」である。

ピカソが世界一有名な画家になれたのはなぜか。それは作品数が圧倒的に多いからだ。ピカソが生涯に生み出した作品数は15万点近いと言われている。

エジソンが白熱電球や蓄音機、電話機といったイノベーションを生み出し得たのも、彼が1000点以上の膨大な発明をしていたからだ。その背後には、おそらく想像を絶するような失敗の数々が積み上がっているはずだ。

日本人で言えば、秋元康さんが日本を代表する作詞家になれたのも同じ理由だろう。とにかく秋元さんは圧倒的に作品数が多い。

何かを成し遂げようとするとき、ぼくたちはつい「時間」をかけようとしてしまう。時間をかけることで「打率」を高めようとしてしまう。

しかし、時間をかければかけるほど、ぼくたちの「無形資産」は目減りしていく。

なぜか？　それはぼくたちが「死ぬ存在」だからだ。

「いつか将来のため」と言いながら、学校に通ったり、資格の勉強をしたり、会社で経験を積んだり、貯金をしたりしているうちに、ぼくたちの時間はどんどんなくなっていく。

自分の価値を高めるためのリソースが、どんどん削られていく。

そうである以上、何よりもの近道は「打席を増やす」こと以外にはない。

「すぐやる」→「うまくいかなかったらすぐやめる」→「すぐまた別のことをやる」→「うまくいったら飽きるまで何度もやる」……このサイクルを高速で回していくしかない。

うまくいくと思っていたことが外れることもあるし、半信半疑だったものがバカ当たりすることもある。未来はだれにもわからないから、やってみるまで結果はわからない。だから、無形資産を豊かにするには、このやり方がいちばん確実なのだ。

そのときに何よりも大事なのは「自分時間」を最大限に確保するということである。「他人時間」に奪われてしまった人生を取り返すことである。

そして、「自分時間」を少しでも奪おうとするものを、できるかぎり遠ざけることである。

ぼくが平気で電話をかけてくる人を嫌いなのも、ここに由来している。

相手の状況を考えることなく、LINEやメッセンジャー、メールで済みそうな案件をわざわざ電話で連絡してくる。そういう人は、自分が相手の時間をどれだけないがしろにしているかをわかっていない。

信用1・0から2・0へのシフトの背後で起きた「時間革命」を理解できていない。

とくに今では、「時間」に対するそうした無頓着さは、その人の信用問題に大きく関わる。

これからの時代、本気で信用を集めたいのなら、まずは徹底的に自分時間を大切にし、徹底的に他人時間を尊重することだ。それが理解できず、他人時間を平気で踏みにじるような人間は、もはやだれからも信用されなくなるだろう。

TRUST

何よりも貴重な時間を死守し、「圧倒的な手数の多さ」で人生を充実させる。

第 3 章

信用資産が増える6つの行動原則

人に信用してもらうためには、その人の周りに付着しているもの（肩書きや学歴や金融資産）ではなく、その人を構成している核となるものが必要だ。それが、あなたの内なる無形資産にほかならない。ロケット事業をはじめ、何かを「やりたい」と思ったときに多くの人がぼくを信用して協力してくれるのは、ぼくがその無形資産をこれまで十分に増やしてきたからだ。

では、「信用2・0」の時代に成功を収めるためには、どんなふうにしてこの無形資産を増やしていけばいいのだろうか？　どういう行動をしていけば、より確実により早く自分の内面を豊かにしていけるだろうか？

そのための行動原則を5つにまとめてみた。1つずつ見ていくことにしよ

13

「慎重さ」は幻想。「ノリ」こそが才能。

学生時代、あなたは授業中に率先して手を挙げるタイプだっただろうか？
それとも周りを見渡して、場が温まってきてから挙手するタイプだっただろうか？
あるいは、「よほどのことがないかぎり、ぜんぜん発言しなかった」という人もいるかもしれない。

大人向けの講演会などでも、この比率はたいして変わらないだろう。「何か質問がある人は挙手を」と言われて、いちばんに手を挙げる人はかなり限られている。

ぼくが運営するオンラインサロン「ＨＩＵ（堀江貴文イノベーション大学校）」には積極的で優秀な人がたくさん集まっている。たとえばそういうメンバーであっても、何かのプロジェクトのリーダーを決めるとなると、「けっこう慎重な性格なので……」といったことを言い出す人がいる。みんな尻込みしてしまうことが多い。

しかし、こういうところにこそ「慎重さ」の本質が見え隠れしているように思う。

真っ先にパッと手を挙げられない人は、慎重なわけではない。

むしろ、「言い出しっぺになりたくない」とか「注目を浴びて、たいしたことが言えなかったら恥ずかしい」といった感情に支配されているだけだ。「他人からどう見られるか」が気になって、行動できないでいるだけだ。


ぼくに言わせれば、本当の意味で「慎重な人」なんて、実は全然いないのだ。

実際には、他人の目が気になって動けなくなっている自分を「慎重さ」という言葉でごまかしているにすぎない。

「慎重に検討します」と言っていれば、何かそれらしいことをやっている雰囲気を醸せるし、自分の臆病さを覆い隠すこともできる。

それなのに、本人すら気づかないまま、「自分は慎重な人間なのだ」「慎重に考えたうえで判断しよう」などと思い込んでしまっている。


慎重さなんてただの幻想だ。

「慎重さ」というのは「やらない言い訳」をつくるために、あなたの脳みそがでっち上げた便利な言葉でしかない。

「だれか、このプロジェクトのリーダーをやってくれる人はいませんか？」

そう聞かれて、ちょっとでも面白そうだと思ったなら、何も考えずに手を挙げればいい。

もしこのリーダー職が、特定の人にしか務まらないような難しい仕事であるなら、そもそもその人を指名するはず。だれにでもできる仕事だからこそ、立候補で希望者を募っているのだ。

よほどのことがない限り、最初に手を挙げた人が拒絶されることはないだろう。その積極性や熱意を買って「じゃあ、お任せします！」と言ってもらえるはずだ。周囲の人も「この人は積極的だな」「フットワークが軽いな」と評価し、あなたの信用はグッと高まることになる。

こんなときに、「自分に務まるだろうか」とか「どんなメリットがあるのかな」なんて〝慎重に〟考えている人は、いつまで経ってもチャンスは摑めない。

興味があるなら、すぐさま飛びつくべきなのだ。

こうした「慎重さ」という自己欺瞞の対極にあるのが「ノリのよさ」である。

「ノリがいい」と言うと、なんだか「軽い」「チャラい」というイメージがつきまとうかもしれないが、ぼくが言いたいのは「目の前にあるチャンスに飛びつく力」のことだ。

そのお手本とも言うべき人物のエピソードがある。

HIU法人会員で、不動産・建築会社を経営している芹澤豊宏さんの行動だ。

ぼくがファウンダーを務めるインターステラテクノロジズ株式会社は、ロケット開発事業を進めている。

そのプロジェクトの1つに、北海道十勝の大樹町から高度100キロ以上の宇宙空間に向けて宇宙観測ロケットを打ち上げようというものがあった。ぼくたちは2019年5月に「MOMO（モモ）3号機」の打ち上げに成功し、日本の民間ロケットとしては初の宇宙空間到達を記録することができた。

ここまでの道のりには数々の苦労があったが、このプロジェクトを進めていた2016年に「みんなの力で宇宙にロケットを飛ばそう！」というクラウドファンディングを立ち上げ、開発資金を集めたことがあった。

芹澤さんは、そのクラウドファンディングに出資した人物の1人だ。

しかも、ただの出資者ではない。支援メニューのなかには3000円、5000円、1万円……など、比較的出資しやすい金額も用意されていたのだが、芹澤さんは迷うことなく「支援額1000万円＝ロケットの打ち上げボタンを押せる権利」のボタンをポチったのである。

出資を募ったぼくが言うことではないが、本当に飛ぶことになるのかよくわからないロケットに、パッと1000万円を出すなんて、どうかしているんじゃないだろうか。これこそ、まさに「ノリ」の為せるわざだろう。芹澤さんは語る。

「やっぱり、どうせやるならいちばん面白いことをしたくて。どうせ死にますし、お金をため込んでも仕方ないので。ならば『ノリ』で面白いことに参加しよう！　そう思い、出資を決めました。国内民間企業初の宇宙ロケット打ち上げのボタンを『ポチッ』と押せるだなんて、考えただけでゾクゾクします」

ぼくは彼のことをバカにしているわけではない。むしろ、心から称賛しているのだ。芹澤さんのように、ビジネスの場でノリよく行動に移せる人は、多くのチャンスをものにしている。

1000万円のような大金を使うときこそ、ノリが大事になる。

こういう行動をとればとるほど、周囲の人たちは「この人は面白いことをやってくれる」「あいつと一緒に仕事をしてみたい」と考えるようになるからだ。

慎重にリスクを回避しているだけでは、お金やモノなどの有形資産は減らないかもしれないが、いつまで経っても無形資産のほうは増えていかない。

むしろ、大胆にリスクをとって周りをびっくりさせたほうが、確実に信用を集めることができるのだ。

TRUST

「どちらが正しいか」ではなく「どちらが面白いか」で判断しよう。

14

賢いだけでは損をする。「戦略的なバカ」になれ。

バカは嫌いだ。
自分のバカさに気づかず、それどころか「自分は頭がいい」なんて思い込んで、平気でとんでもない主張をしている人間を見ると、本当にウンザリする。

一方で、世の中には「愛すべきバカ」もいる。
自分がやっていることがバカげていることは百も承知のうえで、それでも自分の心の赴くままに「できっこないと思われていること」「だれもやらないようなこと」を行動に移してしまう人間。そういう人は、同じバカでも「いい意味でのバカ」である。

ぼくもまた、そういうバカをやる人間であり続けたい。
スティーブ・ジョブズがスタンフォード大学で行ったスピーチでの言葉「Stay hungry, stay foolish」はあまりに有名だが、まさにstay foolishの精神である。

そしてまた、新しい時代の「信用」を集める観点からしても、「バカ」になる力には、非常に大きな意義がある。せっかく行動を起こすのなら、「バカ」と言われるようなことをやるほうがいい。それが早く信用を増やすための近道なのだ。

「だれでもできそうなこと」「人と同じこと」を無難にこなしていても、抜きんでた成果は得られないし、あなたの無形資産は増えていかない。

他方、つまり、「人がやらないこと／やりたがらないこと」に挑戦すると、得られる経験の価値は高くなる。

思えばぼくは、これまでの人生のなかで、たくさんの「バカなこと」「無茶なこと」をしてきた。たとえば、ぼくが毎年の年末に『クリスマスキャロル』の舞台に立っているのも、そもそものきっかけは、ふつうの実業家がまずやらなさそうなことをやってみたいと考えたからだ。

2005年に、総選挙に出馬したときもそうだ。

このときぼくは、あえて地元の福岡の選挙区ではなく、大物政治家である自民党の亀井静香さんがいる広島6区から衆議院議員候補として出馬した。無謀なことは百も承知だったが、その理由は単純で、亀井さんほどの大物に勝てば「期待の新人」として注目され、最短コースでトップの座につけると思ったからだ。おかげで全国ニュースでも取り上げられた。

しかし、もしぼくが、強力なライバル候補がいない選挙区から出馬していたらどうだっただろう？　仮に無難に当選しても、みんなの反応も「まあ、そうだよね」程度で終わっていただろうし、ぼくに対する評価もむしろ下がっていたと思う。何も面白くない結果になっていたはずだ。

無形資産を一気に増やしていこうと思えば、やはり「賢さ」は邪魔になる。

ふだんはロジカルな思考を徹底している人であっても、戦略的に「バカ」になるべきタイミングがある。

そのときに「賢さ」を脱ぎ捨てられる人は、やっぱり強い。

ぼくが知っている範囲でも、成功している社長には「バカなこと」をやれる人が多い。意識的にかどうかは別として、それが信用獲得のための最短ルートになり得ることを彼らはわかっているのだろう。

だから彼らは、ひとたび面白そうだと思ったら、周囲や世間がなんと言おうと、ひとまずやってみる。その姿勢と行動力が、多くの人を魅了するのだ。

もちろん、バカなことをやって、失敗することもある。

むしろ、失敗する確率のほうが高い。だから、だれもやりたがらない。当然だ。

でも、それがどうしたというのだろう？

「人の噂も七十五日」ということわざどおり、他人の失敗をいつまでも覚えている人はいない。だったら、失敗なんて恐れずに最初から「バカ」になったほうがいいだろう。

たしかに、ライブドア事件直後からしばらくのあいだは、ぼくにも「逮捕された人」というイメージがつきまとっていた。

だが、それほどインパクトのある記憶ですら、簡単に塗り替えられてしまう。おそらく最近だと、「ロケットを飛ばした人」とか「肉の人」とか「ツイッター／YouTubeの人」などのイメージでぼくを捉えている人のほうが多いはずだ。人間の印象なんて、その時々でけっこう都合よく塗り替えられるのだ。

「想定内」だけをやっていても、人から得られる信用は「あいつは変なことはしない」くらいのものだろう。

信用2・0の時代においては、それだけではあまりに心もとない。

むしろ、「あいつなら何かやってくれる」と期待されるような信用を築き上げていく姿勢が大事になる。

【TRUST】本当に賢い人は「バカ」になる技を磨く。

15

君は「好き嫌い全開」で生きる覚悟はあるか。

「ノリのよさが大事だ」「バカになれ」という話をしてきたが、これは「周囲の空気を読みながら、ちょっとおかしいと思うことがあっても、周りの意見に合わせろ」というのとはちがう。まったく逆の話である。

信用を得るためには、嫌なものは嫌だと明言することが大事だ。

ぼくは電話には出ないし、疑問に思えばすぐに相手に尋ねるし、おかしいと思ったら「おかしい」と正直に言う。炎上も、まったく怖くない。

「堀江さんみたいにふるまったら、友だちに嫌われそう」

こんなことを言ってくる人が一定数いるが、ぼくはそんな心配をしたことが一度もない。

ぼくが友人だと思っている人たちは、そもそもぼくがそういう人間だとわかってくれているからかもしれないが、自分を率直に伝えるスタンスのせいで交友関係にひびが入るなんてことは、これまで一度もなかった。

そもそも「そんなことをしたら嫌われるかも」「信用されなくなるかも」なんて、相手の感情をあれこれ想像するのは、時間の無駄以外の何ものでもない。

ところが、多くの人は他人に嫌われることを極端に避けようとする。他人の期待を満たし、見放されないように必死で自分を取り繕う。

そうすれば、周りから信用されると思っているのだろうか？

それは信用されているのではなく、無害だと思われているだけなのでは？

周りに合わせてコロコロと自分の意見を変える人を、あなたは信用するだろうか？

かつて昭和初期のような貧しい時代には、周りに合わせて生きる謙虚さも必要だった。

言いたいことがあっても、言ってはいけない。嫌なことがあっても、我慢するのが当たり前。そうしないと、自分だけではなく、周りのみんなも生きていけないという事情があったからだ。

だが、そんな時代はとっくに終わっている。

幸いなことに、今の日本は、みんなが歩調を合わせないと飢餓で苦しむような状況にはない。ぼくたちは、自分の人生を好きに生きていい時代に生きているのだ。


それに、本当の自分をさらけだしたときに離れていってしまう人は、そこまでの関係だったというだけだ。

別の見方をすれば、そうすることで本当に大切にすべき友人をふるいにかけられたとも考えられる。

そのままのあなたを受け入れてくれる人こそが「本当の友人」であり、「本当にあなたのことを信用してくれている人」なのではないだろうか？

だとしたら、嫌われないようにあれこれ考えて行動することなんて、バカらしく感じられてこないだろうか。


ぼくの知る限り、好き嫌いをはっきりさせる人はみんな信用されている。

「嫌われたくない」「悪口を言われたくない」という気持ちから、みんなに気に入られようとすると、結果的にだれからも好かれず、信用もされない。ともすれば「あの人は八方美人だ」なんて言われかねない。

嫌なことは嫌だと言う。好きなものは好きだと言う。会いたくない人には会わない。会いたい人にだけ会う。しがらみにとらわれず、そうやって「自分」をしっかりと持つことが、信用される人間になる第一歩になる。

TRUST

「自分がないやつ」はいつまで経っても信用されない。

16

「自分でやるべき教」から目を覚まそう。

「……でも、なかなか時間がとれないんですよね」

ここまで語ってきたような行動原則、つまり「好きなこと・バカなことをノリでやっていけ」という話を伝えると、けっこうな割合でこういう言い訳が返ってくる。

たしかに、いろいろなことに手を出すにしても、時間は限られている。だれにとっても1日は24時間だ。

だからこそ、信用2・0の時代には、「時間」という限られた資源の使い方が、めちゃくちゃ重要になる。

時間の使い方が下手くそな人間は、いつまで経っても信用資産を増やせない。

そこで必要なのが「全部自分でやろうとしないこと」である。

自分がやらなくても回ることは、どんどん人に振っていくのだ。これは単純な「サボり」とはちがう。むしろ、もっともっといろんなことに手を出せるように、「この仕事をやってくれる人はいないか」「だれに任せるのがベストか」と考えることに全力を投じるということである。

いつも仕事を抱え込みながら「時間がない……」と嘆いている人は、決して勤勉だとは言えない。

むしろ、「どのようにすれば時間を確保できるか」を真剣に考えておらず、物事のアウトソース先を探すことをサボり続けているのである。この点での怠慢に気づいていないという意味では、ただサボっている人よりもたちが悪いかもしれない。

「自分のことは自分でやらないと信用されない」なんていうのは大間違いだ。

自分でやる必要がないこと、自分でやると時間がかかりすぎること、自分でやりたくないことは、思い切って人に任せる。あなたがやらなくてもいいことは、もっと得意な人にやってもらえばいい。

そして、その分の空いた時間を「自分にしかできないこと」に使う。そうしたほうが、信用を積み上げる近道になるのだ。

ぼく自身、これまでも今でも、仕事をやるときには必ず「自分に足りないものを持っている人」と組むようにしてきた。とくに、未知の領域に取り組むときなどには、必ずそうした人の力が必要になる。

お互いに役割分担をし、チームとしてうまくやっていければ、時間の短縮になるし、最終的な成果も1人でやるときよりずっと大きくなる。

しかし、どうやら多くの人が「自分でやらないと……」という思い込みに縛られている。

その結果、1人であれこれ抱え込み、精神的にも疲れてしまうことも少なくない。

たとえば「育児」などはその典型ではないだろうか。

「自分がやるべき」精神論に取りつかれている人々は、「親には育児の責任がある」「他人に育児を任せるなんて楽をしすぎだ」「自分の子どもの面倒を見られないなんて情けない！」などと一方的なことを言う。こうした言葉が、どれだけ育児中の人々を苦しめているのか、わかっているのだろうか。

このご時世、夫婦2人だけで子どもを育てるのは、かなりハードルが高い。共働きともなれば、ほとんど無理ゲーと言っていいように見える。

多くの人がかなりの無茶をしながら子育てをしているようだが、そのすべてを本当に自分たちでやる必要があるだろうか？　むしろ、ベビーシッターサービスなどをどんどん利用したほうがいいのでは？　どこかで「育児は親がやるべき」という思い込みにとらわれているのではないだろうか？

たしかに、子育てのなかにかけがえのない喜びを感じている人もいるだろう。実際、今と比べて圧倒的に娯楽が少なかった時代には、子育ては人々の「エンターテインメント」の1つだったと言える。

しかし、今や子育てよりも楽しいエンタメは、数多く存在しているのだ。「ずっと子育てだけをしていたい」と思える人なんて、ごくひと握りだろう。だったら、育児についても親がやらなくていい部分は、積極的にアウトソーシングをして、空いた時間でもっと楽しいことをやったほうがいいに決まっている。

お金を払って子育てをアウトソーシングすれば、親の時間や心にも余裕が生まれる。子どもの面倒を見てくれるのは、親よりも圧倒的に経験豊富なその道のスペシャリストだ。親にとっても子どもにとっても、こんないいことはないだろう。

マイナス要素は見つからない。

それでも子育てを自分で抱え込んでしまうのは、「自分でやるべき」精神論のせいだろう。

以前、ベビーシッターサービスを展開している企業の方に話を聞いたことがある。

その人によれば、ベビーシッターサービスのユーザーには「サービスを使っていることを周りには内緒にしている」という人が多いそうだ。おそらく「そんなものを利用しているなんて親失格だ」などと批判されるのを恐れているのだろう。

「お金を払って子育てを外注するのは悪だ」とか「自分たちでがんばらないと意味がない」という世間の風潮がこんな事態を生んでいるのだ。

しかし、周囲の感情をあれこれ想像して「周りから親失格だと思われるかもしれない」と悩む時間こそ無駄でしかない。

子育てをだれかに手伝ってもらうことで失う信用などないのだ。大事なのは、親子がともに満足できる状態を維持すること――。そこから逆算するなら、あなたが我慢しながら育児に振り回されるのは、やはりだれにとってもプラスにはならない。

子どもの気持ちになってほしい。育児と仕事でへとへとになっていつも不機嫌そうにしている親と、自分なりに楽しい時間をすごして幸せそうにしている親、あなたが子どもだったらどちらがいいだろうか？

「自分で全部やるから信用される」という固定観念を捨てよう。

TRUST

人に任せずに仕事を抱え込むのも、一種の「怠慢」である。

17

イヤなら0秒で やめればいい。

周囲からの信用を生み出すためには、まず自分自身を信じていなければダメだ。だから、まずは小さな成功を積み重ねて、自分に対する「自信」を持つことが大事になる。そして、自信を持つためには、なるべく早く、なるべくたくさんのアクションを起こすことが必要になる。

これらのポイントは、すでに伝えてきたとおりだ。

もちろん、チャレンジしたことすべてがうまくいくとは限らない。

ぼくも何度となく失敗を繰り返している。

「堀江さんでも凹むことってあるんですか?」

「どうして何度でも新しいことにチャレンジできるんですか?」

そんな質問をしてくる人がいるが、正直なところを言ってしまうと、失敗したくらいで心が折れてしまう人の気持ちが、ぼくにはさっぱりわからない。

何が成功して何が失敗するかなんて、やってみないとわからないのだ。みんながやっている当たり前のことならまだしも、ぼくがやっているのは「ほかの人がやらないバカなこと」だったりする。こんなものがうまくいくかを事前に100％予見することなんて、絶対にできっこない。

たとえば、ロケットの打ち上げなどはその典型だろう。打ち上げを成功させるために、もちろんベストは尽くす。でも、本当にうまくいくかは、だれにもわからない。

それが楽しいのだ。それがワクワクするのだ。

だから、ぼくは失敗しても気にしない。これまでインターステラテクノロジズでのロケット打ち上げは、うまくいかなかったことも何度もあったが、決してぼくはそこで落ち込んだりはしない。失敗した瞬間に、もう「次のチャレンジ」のことを考えはじめている。失敗するごとに立ち止まっているヒマはないのだ。

これは単純に、ぼくの性格のなせるわざなのかもしれない。

実際のところは、失敗したせいで落ち込んでしまう人もいるだろうし、もう一度立ち上がって挑戦することに二の足を踏む人もいるだろう。

そんな人にアドバイスできるとすれば、それはやはり「好きなことだけに目を向けろ」ということ以外にはない。

もしもぼくがロケットの打ち上げを嫌々ながらだれかにやらされていて、たくさんの時間や労力を割いて準備をしたうえで失敗したのだとすれば、さすがのぼくも落ち込むかもしれない。

でも、実際はそうではない。ロケットも含めて、ぼくがやっているありとあらゆることは、「やりたくてやりたくて仕方のないこと」ばかりなのだ。だから、失敗を引きずることもないし、挑戦するときに足がすくむようなこともない。

何かに失敗して落ち込んでいる人にぼくは聞きたい。

その「何か」は、あなたが本当に心の底から「やってみたい」と思えることなのだろうか？

本当にそれが好きで好きで仕方ないのであれば、なぜいつまでも過去の失敗を引きずっているのだろう？

本当にそれをやり遂げたいのなら、あなたは寝る間も惜しんでそれに取り組めるはずだ。何度失敗しても、いくら試行錯誤することになっても、それほど苦にならないだろう。もちろん、モチベーションも簡単に維持できるから、継続することも容易だ。

もしそれができないのなら、きっとあなたの本心は、それを望んでいるわけではないと思ったほうがいい。

親や教師や上司が望んでいることを、自分の願望だと勘違いしていたにすぎない。だから、再びチャレンジすることを、無意識のうちに全力で拒んでいるのである。

それが「心の落ち込み」の正体だ。

当たり前だが、やりたくないことを嫌々やっても、続かないし、成功もしない。結

果的に自信も信用もついてこないだろう。

そもそも、自分の心にウソをついて、やりたくもないことを我慢してやっている人間と、だれが仕事をしたがるだろうか？　だれがそんな人を信用できるだろうか？

だから、もし失敗して情熱が消えたのなら、そんなものはさっさとやめればいい。

いや、やっている途中に「やっぱりつまらないかも……」「これはちがうな……」と少しでも感じたなら、その場で即刻やめる決断をするべきだ。

迷っている時間がもったいない。

その時間をもっと楽しいことで満たしたほうが、あなたの時間価値ははるかに高まる。

TRUST

失敗して落ち込むのは、それが「二度とやりたくないこと」だから。

18

好きなら無限に続ければいい。

「もう少しがんばって続ければ、この仕事の面白みがわかってくるよ」
「途中で投げ出すなんて無責任すぎだ」
「こんなにすぐやめる人間は、よそでも通用するわけがない」

何かをやめようとしたとき、こんなことを言われた経験はないだろうか？

こんな言葉であなたをコントロールしようとしてくる人間は、それこそ絶対に信用してはいけない。

「石の上にも三年」なんていうことわざは、「修業」が意味を持っていた時代ならまだしも、これだけ変化の激しい時代にはまったく通用しない考え方だ。

何よりもたしかなのは「何かちがう……」と感じているあなたの心。
それを信じないでいったいどうする——？

とはいえ、ぼくは「なんでもすぐにやめろ」と言いたいわけではない。

本当にやりたいことが見つかったなら、みんながうんざりするくらい、これでもかというほど徹底的に続けることも大事だからだ。

やはり「何か1つのことをやり続けている」ということ自体は、人から信用を得るための最も手堅い要素なのである。

たとえば、ぼくは「まぐまぐ！」というプラットフォームで「堀江貴文のブログでは言えない話」という週刊メルマガの配信をずっと継続している。

創刊したのは２０１０年2月1日だから、かれこれ13年以上続いている計算だ。

ぼくが東京拘置所に収監されたのが２０１１年6月。

その後、長野刑務所にいるあいだも往復書簡で、刑期を満了してシャバに出てきてからも、ぼくは週1回のメルマガを一度も遅配することなくずっと続けている。

しかもこのメルマガは、編集後記などの一部を除いて、ぼくがすべて自分のスマホを使いながら執筆している数少ないコンテンツの１つだ。

どんなに「続けよう！」と決意したことでも、たとえば仕事上のトラブルがあったり、身内に不幸があったりすれば、なかなか続けられないという人も多いだろう。

だが、本当にハマったなら、もういいやと思えるまで徹底的に続けるのがぼくの信条だ。どんなに忙しかろうと、刑務所に入ることになろうと関係ない。

面白いと思ったことには、どれだけでも時間をかけて、ひたすらやり続ければいい。

そうすれば周囲の人たちは、きっとあなたのことを信用したくなるはずだ。

何より、ずっと続けているという事実が、あなたに自信を与えてくれる。

それくらい「ハマれること」に出合えれば、信用資産を積み上げていくのは決して難しいことではない。

TRUST

一度やると決めたら、周りがビックリするくらい続けてみよう。

第4章

「優秀な人」ほど
ハマる
信用の落とし穴

ここまでの内容で、ぼくの考える「信用」がどんなものか、それを身につけるためにどんな考え方が必要なのかを、だいたい理解してもらえたのではないかと思う。

この章では、その考えを実際の社会に当てはめてみながら、これからはどんな人が信用されるのか、どんな人は信用を失う可能性があるのかをひもといていくことにしよう。

世間一般では「信用に値する」と思われている人でも、これからの時代は油断できない。また、これまでなかなか信用を得られずにくすぶっていた人も、少し見方を変えるだけで一発逆転のチャンスを手にし得る。いわば「信用2・0」の実践編である。

19

会社の信用に依存する人自体の信用はゼロ。

いわゆる大企業に勤めている人は、世間一般的には信用が高いらしい。

その証拠に、だれもが知っている大手企業の正社員であれば、住宅ローンの審査でまず落とされることはない。

合コンでも、かつては大手金融機関や大手商社に勤務しているというだけでモテた時代があった（今はどうかわからないが……）。

こうした企業はいまだに就職人気企業ランキングで上位に名を連ねている。


とはいえ、もしもあなたが「大企業に勤めている人は信用ができる」「大企業に就職すれば社会的な信用が高まる」と考えているなら、その考えは今すぐ改めたほうがいい。


これからの時代の信用（2・0）を得るためには、小さな成功体験に基づく「自信」が必要だ。そうした自信があなたの無形資産となり、それが信用2・0の土台となる。

これは何度も述べてきたとおりだ。

この観点から言うと、組織の規模や知名度と信用2・0とのあいだには、なんら相関係はない。

むしろ考えるべきは、今大企業の社員になって、自分のやりたいことに次々と挑戦できるかという点だ。

若いうちにはなかなか希望する仕事をやらせてもらえず、上からの指示をこなすだけという企業も多いはずだ。

組織のかたちがしっかりしている大企業だと、そうした傾向はいっそう強くなる。歴史のある大企業ほど、上につっかえている社員の数が多く、若手にはなかなか機会が与えられない。機会が少ないと、それだけ成功体験を積む機会も少なくなる。

「入社から10年間は我慢して」などと言われるがままに、その会社でじっとしていると、目も当てられない結果になる。

30歳を過ぎているのに、「自信」も「信用」もない人が出来上がってしまう。

たしかに住宅ローンは組みやすいかもしれないが、そこで信用されているのは「あなた自身」ではなく、あなたを雇っている「会社」である。

だから、ひとたび会社から放り出されれば、あなたは一瞬で「信用貧乏」に成り果ててしまう。

仮に、一生その企業で勤められるなら、そうした借り物の信用で人生を乗り切ることもできるだろう。実際、ひと昔前までは、それを前提に就職先を選びさえすれば、働いているうちはなんとかなってきた。

だが、これからの時代はそうはいかない。「人生100年時代」と言われるように、人の平均寿命は今後も伸び続け、一方で企業の寿命は短くなってくるからだ。

2019年5月、ある会見でトヨタ自動車の豊田章男社長は「雇用を続ける企業などへのインセンティブがもう少し出てこないと、なかなか終身雇用を守っていくのは難しい局面に入ってきた」と述べた。これを受けてマスコミは「終身雇用がいよいよ終わる！」などと騒いでいたが騒ぐまでもなく、ぼくに言わせれば、こんなのは当然の流れだ。

終身雇用など、すでに機能していないに等しい。

そもそも今の時代に、自分の一生を会社にささげることに、どんなメリットがあるというのか。むしろ、一社だけに自分の人生をベットするなんて、あまりにもリスキーだ。会社がなくなれば、その人の信用も一瞬でゼロになりかねない。

しかも、今はインターネットとスマホの時代だ。

大企業の社員でなくても、大きなプロジェクトを立ち上げ、進めることもできる。SNSを使えば仲間も情報も手に入るし、クラウドファンディングで資金を調達する道も開けた。

ぼくは別に、大企業に勤めることを否定したいわけではない。人の生き方はそれぞれだ。

はっきりさせておきたいのは2つだけ。

1つは「大企業の社員でいることで信用力が上がる」なんてバカげた幻想は、さっさと捨て去ったほうがいいということ。

そしてもう1つは、大企業に勤めるということは、若手のうちの貴重な期間を下積みで我慢しなければならなかったり、やりたくもない仕事に時間を奪われ続けたりするデメリットと表裏一体だということだ。

だから、もし大きな会社に所属することになったとしても、やはり「自分個人の信用資産をいかに増やしていくか」という意識が絶対に欠かせない。

そのためには、やりたいことを自分で見つけ、チャレンジを繰り返し、小さくてもいいから成功体験を積み重ねていくことが必要だろう。

TRUST

所属先からの「借り物の信用」にダマされるな!

20

サラリーマンは「使い放題のサブスク」。

日本では、フリーランスよりも会社員のほうが信用力が高いと考えられがちだ。

なかでも、社会に出れば正社員こそが最も魅力的なポジションだとされていて、契約社員や派遣社員といった非正規雇用の地位は低いとされている。

いまだに「正社員至上主義」とでも言うべき価値観にとらわれている人が多い。


しかし、この考え方もかなり古びてきている。

前節では、大企業の社員になってしまうと、逆に信用が積み重ねづらくなる構造について述べたが、同じようなことが正社員についても言える。

つまり、新しい時代の信用を集めようとする場合、フリーランスや非正規社員よりも正社員でいる人のほうが、どちらかといえば不利になりやすい。


知識や体験、スキルや人脈など、信用2・0の核となる無形資産は、ボーっとしていても増えない。自分の時間をうまく投資していくある種の戦略が必要だ。

このような「時間の投資」の観点からすると、正社員には一定のリスクがある。

正社員になると、人生の貴重な時間を自分で決める自由が少なくなるからだ。「ちょっと海外に行こうかな」と思っても、あらかじめ上司に報告したり、有休を申請したり、同僚と仕事を調整したりと、周りに気を遣わなければならない。

ましてそれが入社数年の平社員だったりすれば、「未熟者のくせに休みだけは一丁前にとる」などと思われることもあるだろう。せっかくの海外旅行なのに、行く前から疲弊しきってしまうなんて、バカバカしいことこのうえない。

しかも、日本の企業は今も当然のように残業がある。会社に与えられたノルマを達成しないと家に帰れないなんて、不自由にもほどがある。

いや、それならまだしも、自分は仕事が終わっているのに、残っている上司や同僚に気を遣ってしまい、なかなか先に帰れないなどという話も耳にする。

会社から見れば、社員というのは一種の「サブスク」である。

月ごとの定額料金を支払って「いつでも動画見放題」になるネットフリックスと同

様、月給を払うことで「いつでも人材使い放題」の権利を得る雇用形態なのだ。**雇われる側は、自分の人生の大部分の時間を、会社に自由に使われることに同意していると言ってもいい。**

こんなふうに自らの裁量で自分の時間の使い方を決められないとなると、自分に対する投資の自由度はかなり限られてくる。これではなかなか信用資産は増えていかない。この点、フリーランスの人のほうが有利である。自分の時間投資の配分をかなり自由に決められるからだ。

会社員だって自分の時間をどんどん会社に明け渡せば、上司からは「自分の言うことを素直に聞いてくれる便利な部下」として高い評価を獲得できるかもしれない。だが、そんなふうにして得られる信用に、どこまで価値があるだろうか？

その信用は、特定のゲームセンターでしか使えない「メダル」のようなものだ。いくらそんなローカル通貨を集めても、会社の外に出てしまえばなんの役にも立たない。

ただのゴミ同然だ。

そのゲームセンターが未来永劫続くなら、そして、死ぬまでそのゲームセンターに閉じこもっているつもりなら、ひたすらメダル集めに精を出して、ローカルな信用を積み上げていけばいいいかもしれない。

しかし残念ながら、今は人の寿命より会社の寿命が先に尽きてしまう時代なのだ。

ゲームセンターのなかで膨大なメダルを積み上げて王様気分になっていても、ある日突然、ゲームセンターがなくなってしまうかもしれない。店の外に放り出されてしまうかもしれない。

そのとき、ようやくあなたは実は自分が無一文であり、これまでなんの資産も築き上げていなかったことに気づくのである。

会社員を今すぐやめろということではない。

ただ、会社員になるということは、このようなリスクと表裏一体であるということは忘れないでほしい。
　そして、会社に所属する人生を選んだのなら、メダル獲得ゲームだけに興じてローカル資産を積み上げるのではなく、世の中で通用する本当の信用資産を増やすことに、よりいっそうの知恵を絞ってほしい。

TRUST

あなたの時間＝人生は、会社の犠牲になっていないか？

21

「貯金」は最も信用が増えないお金の使い方。

「30代なら500万円くらいの貯金がないと社会人としてまずいよね」
「20代から借金してるの？　その人……大丈夫？」

世間ではとかくこんな感じで、貯金や借金の額で人を評価し、信用できるか否かの物差しにする人もいる。たくさん貯金している人は信用に値するし、たくさん借金がある人は信用に値しない、というわけだ。

これについても、ぼくはまったく反対の意見を持っている。

さらに最近では「人生100年時代」とか「老後2000万円問題」といった報道のせいもあって、これまで以上に多くの人が「守り」に入っているように感じられる。「将来が不安なので、とにかく節約をして貯金をしよう」と考えている人は、おそらく多くの人が想像する以上に多いのではないだろうか。

他人の趣味にわざわざケチをつけるつもりはないが、通帳の残高を眺めては喜ぶような拝金主義者が増えるのは、実に嘆かわしいことだ。

とはいえ、もともと日本人には、現金好き・貯金好きな国民性がある。

家計の金融資産構成を世界と比較すると、日本人は現預金の比率が圧倒的に高い。2022年8月に日本銀行調査統計局が発表した「資金循環の日米欧比較」によると、家計の金融資産における現金・預金の比率は日本54・3％、ユーロエリア34・5％、アメリカ13・7％となっている。日本人だけが突出して、自分の資産を「貯金」のかたちで持ちたがっているのである。


思えば、ぼくの通っていた小学校でも、正月にもらったお年玉は郵便局に貯金することがよしとされていた。冬休みが終わって新学期になると講堂に郵便局員がやって来て、お年玉を入れた茶封筒を持った生徒たちが、貯金の手続きをするのがお決まりだった。

今考えてみるとなんとも恐ろしいような光景だが、ぼくは当時から違和感を抱いていた。「なんで貯金なんかしなきゃいけないのだろう？」と、不思議でたまらなかった。「せっかくもらったのだから、好きなことに使いたいのに……」とずっと思っていた。

学校だけでなく、両親からも「将来のいざというときのために貯金は大切だ」と言わ

日米欧の家計の金融資産構成

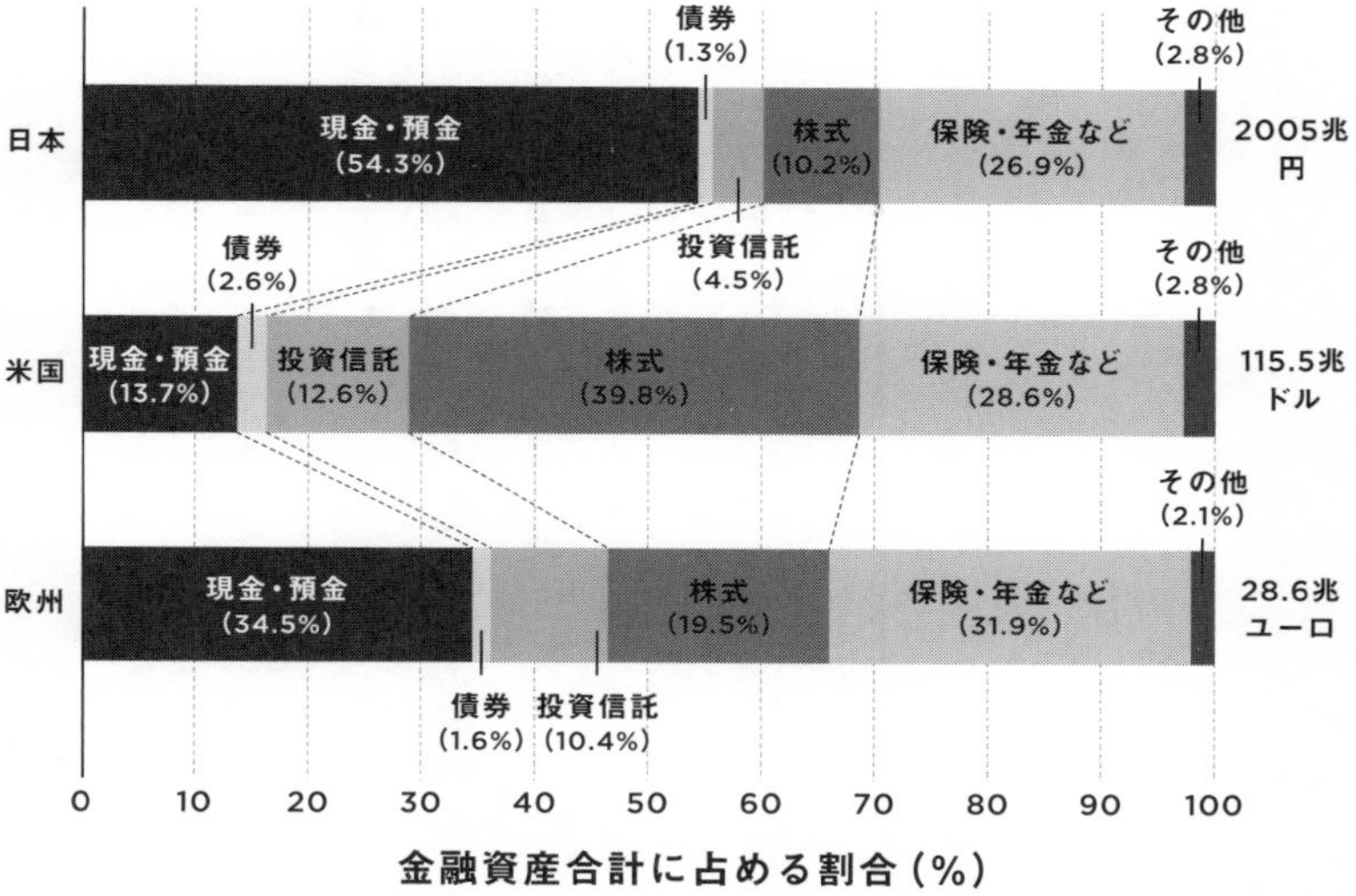

れ続けてきた。

その「将来」とはどんなタイミングなのだろうか?

その「いざというとき」に、子どもの貯金の額で対応できるのだろうか?

考えだしたらきりがない。

それに、本当に困ったことが起きたなら、人を頼ればいいだけの話だ。

食べるものに困れば、知り合いにおごってもらえばいい。住むところに困れば、居候させてもらえばいい。

ぼく自身、会社を立ち上げたばかりの頃は引っ越し資金がなくて、知り合いの家にしばらく間借りさせてもらった時期もあった。

「いざというとき」に本当に必要なのは、お金ではない。助けてくれる友人・知人だ。そしてその局面では、まさしくあなたの「信用」がものを言う。

周りの人に「この人は助ける価値がある」と思ってもらえるなら、あなたはどんなことがあっても大丈夫だ。

「堀江さんはある程度のお金を持っているから、そんなことが言えるのでは？　お金がない人の気持ちなんてわかりっこないですよ」

「貯金なんていらない」という話をすると、決まってこんなことを言ってくる人がいる。

しかしぼくは、お金を持っていないときからずっとこの考え方を変えていない。小さいころからずっと、財布の中身や通帳の残高を気にしながら生きるのは、絶対にイヤだと思っていた。

だから、親元を離れ、大学生になってからは、いっさい貯金はしなかった。まとまったお金ができたら、そのお金ですぐに友だちと旅行に出かけたりおいしいものを食べたり、人に会いに行ったりした。

とにかく、あり金はどんどん使うのがぼくのポリシーだ。

貯金は「最も信用を増やさない」お金の使い方である。信用を増やしたいのなら、お金を口座に閉じ込めていてはいけない。そんなお金は死んでいるも同然だ。

お金はどんどん使って、面白い知識や楽しい体験に変えていくべきだ。そうやって人生を豊かにすることで、あなたの信用資産も膨らんでいく。

ぼくはお金をため込まずに、どんどん経験に変えていったからこそ、信用資産を多く持つ人たちと出会い、彼らからの信用を得ることができた。

「いざというとき、お金がなければ人に頼ればいい」という考えをさらに進めるなら、借金だってまったく問題ない。

日本ではいまだに「借金＝いけないもの」というネガティブなイメージがあるが、借金ができるということは、つまりそれだけの信用があるということだ。１００万円の借金ができる人は、１００万円分の信用があったから、お金を借りられたのだ。

もちろん、ギャンブルや遊興費のために、返す当てのないお金を借りろと言っているわけではない。

本当にやりたいことがあるなら、本当に欲しいものがあるなら、人からお金を借りることだって躊躇する必要はないと言いたいのだ。

たとえば、「起業したいけど借金はしたくない」なんていう人は、そもそも「事業の成功を他人に信用させられない」「自分も成功を信じていない」と言っているのと変わらない。

「起業をした際に多額の借金をつくったので、コツコツ返済しています」という人と「借金はしたくないので資金を貯めてから起業したいと思っています」という人、あなたはどちらを評価するだろうか？

ぼくは断然、前者だ。事業に対する信念の強さ・覚悟の強さという点で、後者の人は比べるまでもなく劣っている。そんな人を信用する気にはなれない。

それに、自分でコツコツと貯めたお金よりも、他人に借りたお金のほうが、やりたいことへの熱の入り方がちがってくる。

自分のお金だけでチャレンジして失敗したとしても、だれにも迷惑がかからない。しかし、人にお金を借りて今の実力以上のチャレンジをしようとするときには、大きなプレッシャーがかかる。

「自分を信用してこのお金を託してくれたのだから、絶対に無駄にしてはいけない。必ず完済しよう」という意識が働くため、1人で淡々とチャレンジするときよりも、いっそうの集中力が発揮できるようになる。

ぼく自身、最初に会社を立ち上げたときはすべて借金だった。

「会社をつくろう」と思った瞬間に、銀行から300万円を借り入れた。おかげでネットバブルに間に合い、一流企業のサイト制作を請け負ったり東証マザーズに上場したりと、すぐに会社を大きくすることができたのだ。

思えば、プログラミングにのめりこんだ学生時代、パソコンがどうしても欲しくて親から20万円を借りたこともあった。

ぼくは当時から、借金をすることを悪とは考えていなかったようだ。もしもぼくが、資金が貯まるまで待つような性格だったら、今とはまったくちがった道を進んでいたかもしれない。

ちなみにその20万円は、新聞配達のアルバイトをしてさっさと返済した。

万が一、失敗して借金を背負ってしまったとしても、そのときはまたがんばればいい。

そんなときこそ、あなたの信用が問われるのだ。

辛いとき、苦しいとき、お金は手を差し伸べてはくれない。

本当にあなたが困っているときにあなたを助けてくれるのは、あなたが築き上げた信用だけだ。

どれだけ貯金額を増やしても、あなたの信用資産は増えていかない。

むしろ、借金をしてやりたいことを全力でやっている人のほうが、ぼくはよっぽど信用できる。

100万円のお金があってもおそらく10人分の信用は買えないが、10人から信用されていれば、また100万円を集めることはきっとできる。

TRUST

「借金＝悪」の思い込みを取り払おう。

信用を増やすためなら、借金もどんどんしていい。

22

「マイホーム」こそ最強のバカ発見器。

ぼくが長野刑務所を出たのは2013年3月のこと。

久しぶりに外の世界に出たら、驚くべきことが待っていた。

それまで事務所代わりにしていた六本木ヒルズレジデンスの部屋の更新契約を、2014年2月に断られてしまったのだ。前科持ちの人間は住まわせられないという六本木ヒルズレジデンスの判断である。

それまでの累計でいえば、億単位の家賃を払ってきたというのに、実にあっけないものだ。

とはいえ、ぼくは次の瞬間には気持ちを切り替えて、こんなふうに思い直していた。

「定住しなくたっていい時代なのだから、これからは『家に住まない人生』を送ろう」

こうしてぼくの住所不定の「ノマド生活」がスタートした。

都内のホテルを拠点にしながら、日本や世界の各地を飛び回る生活だ。ぼくはそもそもモノに対する所有欲がない人間だし、刑務所に入る前にある程度の荷物は「断捨離」していたため、かさばるものといえば衣類くらいだ。すべての荷物を合わせてもスーツケース3つ分ほどで事足りる。トランクルームを使ったりもしているので、ホテル暮らしでも全然困らない。

むしろ、何にもとらわれないので非常に快適だ。

ぼくのように家を持たずに全国のホテルなどを移動しながら暮らす人は「アドレスホッパー」と呼ばれている。

こういう人は年々増えているように思う。最近ではアドレスホッパー向けに「定額住み放題」を提供するサブスク型住居サービスもある。

このように「1カ所に長く住まないこと」には大きなメリットがある。

1つの場所に縛られることなく自由に生き、いろんな場所で働きながら刺激を得ることができる。家を買ったり、賃貸契約で長く同じ場所に住んだりする人には、なかなか得られない経験だ。

このような暮らしのスタイルのちがいは、その人の内面（無形資産）の豊かさにも大きく影響してくる。

ぼくからしてみれば、ずっと同じ場所に留まって暮らすことに満足している人は、自分の内面を磨こうという意識に欠けている。無形資産を成長させようという意欲がないように思えてしまう。

だからぼくは、同じところにじっとしている人よりも、つねに動き回っている人のほうが信用できると感じるのだ。

ただ、現実には「住所不定」に対する信用度は、決して高くないようだ。

それどころか、「家を買ってこそ一人前」と考える風潮さえ、消えることなく残っている。そこそこの年齢になったら、頭金を払って住宅ローンを組み、マイホームを買う――そのほうが社会的な信用にもつながるということらしい。

はっきり言って、かなり時代遅れな考え方だと思う。

このシェアの時代に、マイホームを持つ意味がどれだけあるのだろうか？

賃貸契約ならまだ移動できるが、ひとたび家を購入してしまえば、簡単にはそこから動けなくなる。

転勤になったり、海外で働こうとしたりしたときに、持ち家はすぐには処分できない。売りに出すにしても賃貸に出すにしても、買い手・借り手がすぐに見つかるとは限らない。

それにマンションではなく戸建て物件だったりすれば、家を建てた瞬間から物件の価格は年々下がっていくので、ますます自分を縛りつける要因になる。

しかし、家を購入するほとんどの人は住宅ローンを組むことになるだろう。

自分の頭や身体が人生でもっとも冴えている20代、30代の稼ぎの大半を、そのときにしかできない体験にではなく、ただ住むだけの場所に投下し続けるなんて、あまりにもバカげている。

大きな負債を抱えているせいで、今の職場に不満があっても簡単にはやめられなくなっている人もいる。

そうなることはわかりきっているのに、なぜそんなバカげた行動をとってしまうのだろうか？

ローンを組んでマイホームを買うなんていうのは、周回遅れの人の行動だ。

そんな人間のどこを信用しろというのか。少なくともぼくは、そんな人を信用するくらいなら、「住所不定ですが、ツテはあるので寝る場所には困っていません」という人を選ぶだろう。

TRUST

「持ち家」信仰は危険。住宅ローンは人生の足かせになり得る。

23

9割の資格はゴミ。

第2章で「素人革命」に触れた箇所でも述べたが、「しかるべき学校や師匠のもとで修業してからはじめる」といった考え方は、もう過去のものになっている。

今ではだれにでも情報が手に入るので、学校やプロからしか学べない知識・技術など、ほとんど存在していない。

たいていのことはネットで検索すれば出てくるし、具体的なやり方を知りたければYouTubeにはありとあらゆる分野の解説動画が上がっている。

わざわざ何年もかけて学校に通ったり弟子入りしたりしなくても、必要最低限の知識だけをパパっと学んだら、さっさと実践の場に乗り出せばいいのだ。あとは現場でいろいろと試しながら学んでいけばいい。

どんなに学んだって、どんなに修業したって、実際にやってみることには敵わないのだ。1日でも早く実行に移したほうがいい。成功体験を数多く積むためには、何度も打席に立つ以外に近道はない。そのほうが成長速度も圧倒的に早くなる。

それにもかかわらず、日本には「勉強好き」「修業好き」な人が多すぎる。
「将来起業したいけれど、大学で経営学を学んでからにします」とか「英語を使って仕事をしたいので、英会話スクールに通います」とか「寿司職人になりたいので、まずはこのお店で10年ほど修業してみます」という思考から抜け出せない人ばかりだ。

これは言ってみれば、もう自転車に乗れるようになっているのに、いつまで経っても「もう少し練習をしてから」といって、自宅の庭をグルグル回っているようなものだ。

あなたが自転車に乗る練習をしているのは、どこか遠くに出かけたいからではなかったのか？　それなのに、いっこうに公道に出ることなく練習ばかりをしている。そんなことでは、いつまで経っても自転車が乗りこなせるようにならない。練習の成果をいつ披露するのだろうか……。

こうした「勉強」や「修業」の話につながるのが「資格」だ。

国家資格だけでも、弁護士や税理士といった難関資格から、行政書士などの比較的簡単な資格、そのほかにもTOEICやTOEFLのような語学試験、カラーコーディネーター検定など、実にさまざまな資格がある。有象無象の民間資格も含めれば、その数は膨大になるだろう。

それだけ資格を求めている人が多いということだ。

しかもコロナ禍以降、資格試験の受験者は増えているという。

先行きが不透明な時代だからこそ、人はいっそうたしかなもの（有形固定資産）を求めたくなるのだろう。

しかし、ここまで読んでくれた読者の方ならば容易に予想できると思うが、いくら資格を取ったところで、その人の社会的信用が増すことはまずあり得ない。

「不動産業をやりたいので、宅建（宅地建物取引士）試験に向けて勉強をしています」

以前、ぼくのメルマガ読者にこんなことを言う人がいたが、この考えもまったくバカげている。

もちろん医師のように、資格がある人にしかやれない仕事というものは存在している。しかし、別に宅建資格など持っていなくても、不動産ビジネスはできる。自分が経営者となって宅建士を雇えば済む話だ。

ほんとうに不動産ビジネスをしたいなら、資格の勉強なんてしていないで、会社のつくり方を学び、人脈をつくり、さっさと開業すればいい。

この発言には、日本のビジネスマンにありがちな思考パターンがはっきりと現れている。

かなり多くの人が「資格がないとはじまらない」という考えを鵜呑みにしており、自分の目的を達成するための最適ルートを考えようとしていない。危機感すら覚えるほどだ。

ある種の思考停止に陥っていることがわかると思う。

資格を取りたい人は取ればいいが、「資格があればなんとかなる」というのはただの幻想だ。

ほとんどの資格試験の勉強は「まわり道」だと思ったほうがいい。そんなことに時間を費やすくらいなら、さっさと実地の経験を積んで、自分の信用資産を高めることを考えたほうがいい。

……と、ここまで資格取得の意味のなさを力説してきたが、あえて1つだけお勧めの資格を挙げるとすれば、それは「簿記3級」である。

「就職の履歴書に書くのさえ微妙で、それこそ役に立たないのでは？」と思った人もいるかもしれないが、ぼくが言いたいのはもちろん「簿記3級で就職が有利になる」とか「食いっぱぐれがない」とかいった話ではない。

簿記＝会計の知識は、この資本主義の世界で生きていくうえでの、ベースとなるヒントを与えてくれる。

第1章で「信用2・0」の考え方を紹介するときに、ぼくがP／LとB／Sの話をしたのは覚えているだろう。

簿記の知識があれば、P／LやB／Sに表されるように、世の中の「価値」の流れをかなり鮮明に理解できるようになる。

言ってみれば、ビジネスの世界で生きていくための基礎教養が、ここに凝縮されているのである。

だからといって、ぼくたちは会計の専門家になりたいわけではない。必要な知識を洗練されたかたちで体系的に学ぶのであれば「3級」程度で十分だ。

どうしても資格勉強をやって信用資産を増やしたいというのであれば、ぼくは「簿記3級」をお勧めしておく。

ただし、ここでも大事なのは、そこで得られる「知識」であって、「資格」そのものではないということだ。この点を忘れなければ、簿記の知識は、ビジネスでも人生でもいろんな局面において役に立ってくれることだろう。

TRUST

「勉強」に逃げるな。行動こそ成功への最短距離。

第5章

「信用富豪」が持つ4つの黄金マインド

信用を増やすためには、行動を起こし、成功体験を積み、自信や経験といった無形資産を蓄積していく必要がある。そうしてストックされたかたちのない資産が、これからのあなたに必要な本当の信用を生み出してくれるからだ。

ここまでの内容を実行に移せば、今日からあなたの信用は少しずつ積み重なっていく。しかし、それだけではかなり時間がかかってしまうのは間違いない。有限な人生の時間のなかで、できるかぎりの信用を集めるためには、信用の「投資効率」を高める発想が不可欠になる。

そこで、この最後の章では、あなたの信用資産の蓄積スピードを加速度的にアップさせ、いわば「信用の資産家」状態を実現するために必要な「考

24

「かけ算」こそ凡人が勝てる唯一の戦略。

「堀江は何をしているかわからない。得体が知れない」

「あっちこっちに節操なく手を出して、胡散臭い」


ぼくはよくそんなふうに言われることがある。

無理もないことかもしれない。パッと思いつくだけでも、ぼくはかなりいろいろなことに手を出しているからだ。

・宇宙ロケット開発——インターステラテクノロジズ（ＩＳＴ）
・YouTube配信——ホリエモンチャンネル
・サロン運営——ＨＩＵ（堀江貴文イノベーション大学）
・飲食プロデュース・出資——TERIYAKI／WAGYUMAFIA／小麦の奴隷
・トークアプリ開発——７５５
・通信制高校主宰——ゼロ高等学院
・ミュージカル主演——クリスマスキャロル

これでもほんの一例である。ほかにも、ここには書き切れないほどたくさんのことにぼくは首を突っ込んでいる。

堀江貴文という人間は何者なのか。定義するのは難しい。もはや何が本業なのかはぼくにもよくわからなくなっている。

世の中には「何か1つのことに集中し、それを極めた人ほど信用できる」と考える人がたくさんいるようだ。

逆に、たくさんのことに広く浅く関わり、あちこちに手を出している人間は、ちょっと低く見られるような風潮がある。そういう人は信用に値しないというわけだ。

でも、その考え方は危険だと思う。

思わぬチャンスが訪れたときに、また、面白いと感じるような未知の領域に出合ったときに、「それは自分の本業ではないから」とか「私の専門分野ではないので」などと言ってスルーすることを繰り返していれば、その人の信用資産は枯れ果てていくからだ。

「門外漢だから」「本業に集中したいから」「忙しいから」と、限られた範囲のことにしか目を向けない生き方をしていれば、おのずと行動範囲も狭くなっていく。

その結果として生まれるのは「専門性を極めた信用できる人」ではない。

むしろ、たいていの人は「信用するに値しない専門バカ」に成り下がる。

ぼくは自分が好きなこと、ちょっとでも面白いと思ったことには、かたっぱしから手を出していくようにしている。

ながらく興味を持っていることもあるが、ずっと同じことにしがみつくことはしない。興味の赴くままに、後先考えることなく首を突っ込む。これがぼくのマインドセットだ。

そもそも、「その道一本」で大成できる人なんて限られている。

たとえば「会計の世界で第一人者になろう」と思ったら、10人に1人や100人に1人なんてレベルではなく、1万人に1人くらいにならないと話にならない。そこまで極めて初めて「その道の第一人者」として信用されるようになる。こんな人はごくひと握りの数だ。

1つのことに集中したからといって、そこで第一人者になれる保証なんてどこにもない。

それなのに、だれもが1つの分野でコツコツと努力をして、信用を蓄えていこうとする。

このような「たし算」的な積み上げは、よっぽど自分の才能を確信しているのでもないかぎり、なかなか実を結ばない。

たとえば、日本には膨大な野球人口があるが、プロ野球の選手になって一軍で活躍したり、メジャーリーグに行けたりするのは、ごくごく一部の人だけだ。

もともととんでもない才能を持っている人たちが「ものすごい努力=たし算」をすることによって、考えられないようなレベルに到達しているのがプロの世界だ。

凡人が「努力」だけによって、彼らと同じだけのパフォーマンスを上げようとするのは、どだい無茶な話である。

では、そんな「選ばれし人」以外の人が、自分の価値を高めるには、どうすればいいのだろうか？

答えは1つしかない。「かけ算」である。

1つの分野だけを極めようとするのではなく、複数の分野で腕を磨き、その両方を組み合わせることで新しい価値を生み出していく発想が求められるのである。

多くのビジネスパーソンは「営業」とか「経理」、あるいは「自動車業界」とか「IT業界」といった1つの専門分野、1つの領域に留まったままキャリアを歩もうとしがちだ。

しかし、これでは自分と同等のスキル・知識を持った人は、山ほど存在することになる。あなたの信用資産は高まるどころか、大勢のなかに埋もれていく一方だ。

もし、ここで「かけ合わせ」ができれば、どうだろうか？

たとえば、「経理のことを熟知した営業マン」とか「自動車業界を知り尽くしたエンジニア」という具合にスキルや知識のかけ算をした瞬間、自分と同じような属性を持った人の数を大幅に減らすことができる。

このロジックを見事に磨き上げたのが、教育改革実践家・藤原和博さんが語る「100万人に1人の存在になる方法」である。

藤原さんによれば、だれでもある分野に1万時間をかければ「100人に1人」の人材にはなれるという。

ある1つのことに毎日6時間ほど打ち込み、そのまま5年間が経過すれば、その人はその限られた分野における「トップ1%人材」にはなれるというのである。こうして、世の中には「100人に1人の営業マン」「100人に1人のドライバー」がたくさん生まれている。

しかし、彼らのバリューが注目されることはない。

なぜなら、その人の周りで働いている人たちも「100人に1人の営業マン」「100人に1人のドライバー」だからである。

そのなかで、さらにトップ1%を目指そうとすれば、相当の才能と努力が必要になる。ここでひたすら「たし算」の道を進もうとするのは、はっきり言って「悪手」である。

藤原さんがそこで勧めているのが、それとは別の2つの分野でも「100人の1人の人材」になるということだ。

つまり、合計3分野での専門性を身につけるわけである。

これを実践すれば、「分野Aで100人に1人」×「分野Bで100人に1人」×「分野Cで100人に1人」というかけ算によって、だれでも「100万人に1人の人材」になることができる。

これはまさしく「オンリーワン」の人材だと言っていいだろう。

かつては、なんらかの1つの分野を極めて、その頂点に立ったスペシャリストが注目や信頼を集めていた。

しかし、現代において影響力を持っているのは、藤原さんが言うように、複数の分野で「そこそこのレベル」の専門性を身につけ、それをかけ算することによって価値を生み出している人である。

逆に、そうしたかけ算の発想を持てない人は、積み上げた努力のわりに、なかなか人々の信用を集められずに苦しんでいるのである。

もちろん、かけ算の「項」は3つ以上であってもいい。

ぼくのように、かけ合わせる分野をどんどん増やしたっていいのだ。

もしあなたが「自分にはかけがえのない特別な才能がある」と確信しているのなら、そのまま努力をすればいい。

しかし、もしそうでないのだとすれば、「凡人こそコツコツ努力」という俗説にダマされてはいけない。**むしろ、凡人こそ、節操なくいろんなことに手を出しまくるべきなのだ。**

そうやって「かけ算」を繰り返していくことだけが、ぼくたちが天才に太刀打ちできる唯一の手段なのだから。

TRUST

専門性は1つでなくていい。
節操なくいろんな分野に手を出そう。

25

他人の時間を奪わない。これが究極の礼儀正しさ。

「信用を得るには、誠意や誠実さが大事だ」という人がいる。

これに異論はない。たしかに無礼な態度をとる人、不誠実な要求をする人は、だれからも信用されなくなる。

だが、問題なのはこの「誠意」や「誠実さ」の中身である。

現代社会において、誠意ある対応とはどういうものか、どういう態度が誠実だと言えるのかについては、今一度考えてみる必要があるように思う。


いちばん典型的なのが「対面信仰」である。


たとえば、自分の不手際で相手方になんらかの迷惑をかけてしまったとしよう。そういうとき、謝る側にも謝られる側にも、いまだにある種の「思い込み」がある。

それは「直接顔を突き合わせて謝らないと気持ちが伝わらない」といった思い込みである。こうした考え方はいろいろなところに根強く残っている。

「メールだけで要件を済ませようとするのは失礼だ」

「オンライン会議ツールでお願いごとをするのは誠意に欠ける」

「仕事の要件をＬＩＮＥで送るなんて礼儀がなっていない」

そういうことを言う人はたくさんいるが、はたして「直接会って目を見ながら話したほうが、誠実さが伝わる」という考えには、どれほどの根拠があるだろうか？

よくよく考えてみると、こうした考えを支えているのは、ある種の「慣例」でしかない。ここにあるのは「これまでみんなそうしてきた。だからみんなもそうするべきだ」という同語反復だけだ。典型的な思考停止である。

それどころか、そもそも対面での謝罪は、相手にとって「より迷惑」「より失礼」なのではないだろうか。

わざわざスケジュールを割かないといけないし、迷惑をかけてきた嫌な相手と同じ空間で、重苦しい空気を吸わなければならない。欲しくもない菓子折りなどを持参されても、ちっともうれしくないはずだ。

こちらはただでさえ迷惑を被っているのに、なぜさらにこんなことを我慢しなければならないのか。**本当に悪かったと思っているなら、それを取り返すべく、さっさと**

手を動かせばいいだけの話だ。

それこそが本当の「誠実さ」であり、本当の「誠意」というものではないだろうか。

このような「対面信仰」に限らず、以前の「礼儀」にとらわれるあまり、実質的には相手に負担をかけるだけの「不誠実」な行為になってしまっているケースは、あなたの身の回りにもあるのではないだろうか。とくにこうした「礼儀モドキ」はコミュニケーションに関わる部分に多い。

たとえば「手書きの手紙」などはその典型だ。

今はさすがにほぼ絶滅したと思うが、ひと昔前には「手書きの履歴書」なんていうものもあった。「手書きの文字には人格が現れる」とか「手書きは心がこもっているからいい」という信仰のせいで、就活生たちは膨大な数の書類を何枚も手書きしなければならない時代があったのである。

もし応募先の企業が、コロナ禍を経た今でも手書きの履歴書を要求してくるようなら、その職場は絶対にやめておいたほうがいい。その企業は間違いなく「ヤバい会社」

である。

また、もはや言うこともはばかられるが、ぼくが大嫌いな「電話」もその典型だろう。

いまだに「仕事の連絡は電話をしてこそ信用される」と思っている人がいるようだ。しかしぼくに言わせれば、電話をかけるという行為は、相手の気持ちや状況を無視して、とにかく無条件に相手の時間に割り込もうとするきわめてぶしつけな行いだ。

電話先の相手は、仕事を離れて友人や家族とリラックスしているところかもしれないし、高い集中力が要求される作業に没頭しているかもしれない。

そんなときに「今、ちょっとだけお時間よろしいですか？」などと土足で上がり込んでくるなんて、いったいどういう神経をしているのか、まったく理解に苦しむ。

とてもじゃないが、ぼくは他人にこんな失礼なことをする気にはなれない。

実のところ、この考え方はライブドアの社長だったとき、つまり20年近く前からずっと変わっていない。同じフロアにいる社員に用事があるときですら、ぼくはメールやチャットで指示を出すことが多かった。

秘書から「今日の会食の場所なんですが……」と仕事中に話しかけられたときには、「そんなことはメールで済ませなさい」と注意したこともある。

勘違いしないでほしいが、これは「自分の時間を奪われたくない」というだけの話ではない。

すでに述べたとおり、これからは「時間」こそが最も貴重な資源になっていく。だからこそ、ぼくは一緒に仕事をする人たちの時間も最大限に尊重したい。ぼくに関わる人たちの時間だって、1秒たりとも無駄にしたくないのだ。

本来、そうした気遣いができるかどうかこそが、その人の信用に関わっているはずだ。

相手の時間に対する配慮ができない人が、信用されるはずがない。

ぼくが言いたいのは「電話をかけるな」という表面的な話ではない。

そうではなく、「これまで礼儀だとされていたもの」を疑うべきだということである。

対面にしろ、電話にしろ、手書きにしろ、挨拶にしろ、それが本当に「誠実な行い」だと言えるかどうかを、根本から見つめ直すようにしよう。

そして、相手の時間を奪うようなことは絶対に避け、できることならば相手の信用資産にプラスになる行為を選ぶようにしよう。

他人の信用を高められる人、他人の信用を損なわない人は、おのずと「信用の資産家」になっていく。

TRUST

「誠実さ」のつもりが、相手の迷惑になっている場合もある。

26

人を見て態度を変えるのはクソダサい。

「堀江さんは『嫌いな人』が多くて大変そうですね」

そんなふうに言われたことがある。

たしかにぼくは、ツイッターやYouTubeなどで言いたいことを言い、それが炎上したりしているので、いつもだれかとケンカしているようなイメージを持たれているのかもしれない。

しかし、はっきり言えば、ぼくがほんとうに嫌っている人なんて数人程度しかいないし、恨んでいる人なんてまったくいない。

そもそも人に対してそれほどの興味を持たない性格なのかもしれないが、わざわざ嫌な人のことを思い出して、「嫌いだ」とか「恨めしい」とかいうネガティブな感情を湧き上がらせている人の気持ちがよくわからない。それこそ、時間の無駄以外の何ものでもないではないか。

たとえば、よく言われるのが「堀江さんは楽天の三木谷さんのことが嫌いなのでは？」という話だ。

ぼくは以前、三木谷さんの新型コロナに対する考えについて「ビビりすぎ」とか「社会に誤ったプロパガンダを流している」とかいった趣旨の批判ツイートをしたことがあった。これ自体にも賛否の声が巻き起こったが、このときにも「やっぱりホリエモンは三木谷のことが嫌いだ」というトンチンカンなコメントをする輩が何人かいた。

これは完全な誤解だ。勝手に頭のなかでストーリーをでっち上げるのは勘弁してもらいたい。

たしかに、かつてぼくの率いるライブドアと三木谷さんの楽天は、プロ野球球団（現在の東北楽天ゴールデンイーグルス）の経営権をめぐって激しい争奪戦を繰り広げたことがある。しかし、それはあくまでもビジネス上での対立にすぎない。

ぼくは三木谷さん個人に対して、何もネガティブな思いを持ってはいないのだ。

楽天経済圏を一代で築き上げた三木谷さんのビジネス感覚はだれもが認めるところだし、いくつかの事業のマーケティングでは、実にうまいやり方だと舌を巻いたことが何度もある。

最近では顔を合わせる機会こそ減ったが、ちょっと前までは楽天本社に行って一緒にビジネスの話をするくらいの間柄だった。

以前、楽天イーグルスが日本一になったシーズンには、仙台の球場まで二度足を運び、その土地にすばらしい球団が生まれ、根づいていることに感動した。ぼくがやらなくても、三木谷さんがやってくれたのだ。遺恨なんて、これっぽっちもない。

それにもかかわらず、なぜぼくはコロナのときに彼を批判したのか？

正確に言えば、ぼくは三木谷さん本人を批判したわけではない。三木谷さんの対応や発言を批判したのである。

このちがいがわかるだろうか？

ぼくが三木谷さんを批判したのは、彼を恨んでるからでも嫌っているからでもない。彼の発した情報が、社会全体に対してよくない影響を与えると思ったから批判しただけだ。

ぼくは何ごとに対しても、是々非々でしか考えていない。
その発言をした人が権力を持っているかどうかとか、好きとか嫌いとか、そんなことはどうでもいい。

ぼくが見ているのは、発言の「内容」である。
だれが言ったことであろうと、その中身がおかしいと思えば、ぼくは「それはおかしい」とはっきり言う。
「言っていることはおかしいけれど、仲のいい人の発言だから大目に見よう」とか「なんだか気に食わない人の発言だから、とりあえず噛みついてやろう」とか、そういう発想をまったくしていないのだ。

端的に言えば、ぼくは「だれが言っているか」と「何を言っているか」を分けて考えているのである。

ところが、世の中の人を見ていると、これがなかなか難しいらしい。自分が好きな人、応援している人が言ったこととなると、白いものでも黒いと思ってしまう。逆に、憎らしく思っている人の発言となると、やたらと粗探しをして反対意見を投げつけようとする。

ぼくは、そういう人たちのことを信用できないなと感じてしまう。

なぜなら、その人なりの意見はどこにもなくて、ただひたすら「だれが言っているか」だけに脳みそが振り回されているからだ。自分のなかの個人的な「好き」とか「嫌い」とかの感情に反応しているだけであって、その人オリジナルの考えというものが見えてこない。ものすごく「無形資産」に乏しい人だという印象を受ける。

そして、そういう人たちは、自分の色眼鏡を通してしか他人を見ることができない。だからこそ、ぼくがだれかを批判しているのを見かけると、「堀江はこいつのことが嫌いなのだろう」などと邪推することしかできないのである。しかし実際は、批判と憎しみを切り分けられないのは、そういうことを言っている当人なのだ。

日本にはディベート文化がないからだろうか。日本人はとくに、自分の感情を切り離して主義主張を展開したり、相手との人間関係をいったん脇に置いて批判したりするのが苦手に思える。

しかし、これからの時代では、この切り分けができるかどうかがものすごく大きな意味を持つようになる。

仲がいいとか悪いとか、相手が好きとか嫌いとかに関係なく、「事柄そのもの」だけをありのままに見つめて、「いいものはいい」「悪いものは悪い」とはっきり言えるかどうか。

遠慮とか忖度とか、空気を読むとか、そういったことをすべて排除して、そこで語られていることが正しいのか間違っているのかを自分なりに判断できるかどうか。

そうしたことが人の信用を決める。

逆に、敵対する人たちの失敗には大喜びで揚げ足取りをするくせに、身内に不都合なことがあったらだんまりを決め込んだり、なかったことにしようとする人たちは、絶対に信用されない。

相手次第でスタンスをコロコロ変える「二枚舌」や「ダブルスタンダード」は、その人の信用に致命傷を与える。

たとえ仲のいい友人であろうとも、大切なビジネスのパートナーであろうとも、もしも間違ったことを言ったりやったりした場合には、そのことを全力で批判するべきだ。

それは相手が憎いからではない。もしそこで相手に嫌われたり、関係が決裂したりするのを恐れて、思わず言葉を呑み込んでしまえば、今度はあなたの信用に傷がつくことになりかねないからだ。

これだけ何度も炎上を繰り返しているのに、ぼくのことを信用してくれる人がたくさんいるのは、ぼくのスタンスがブレないからだ。相手との関係によって、意見や態度を変えたりしないからだ。

信用を高めたければ、「だれが言っているか」ではなく「何を言っているか」に目

を向けることだ。そして、そこで言われていることに対して、本音を隠すことなく、率直に意見を言うことだ。

それを繰り返していれば、あなたの信用資産はある時点から加速度的に増大していくことになるだろう。

「この人が言っていることにはウソがない」「この人は相手によって意見を変えたりしない」という認知が周囲に広がっていけば、あなたの言葉はどんどん重みを増していくことになるだろう。

嫌われたり炎上したりすることを恐れてはいけない。本当に恐れるべきは、八方美人な態度や口先だけの建前を続けるうちに、もはやどうにもならないほどに周囲の信用を失ってしまうことのほうなのだから。

TRUST

「だれが」ではなく、「何を」言っているかを見つめよう。

27

信用と盲信はちがう。

「ライブドア事件では、部下に裏切られて大変でしたね。『もう人を信じられない』という気持ちなのでは？」

今でこそこんなことを言ってくる人はいなくなったが、出所してしばらくはこの手の話題を振られることがよくあった。

まず断言しておきたい。

ぼくは当時のことについて「裏切られた」という感情を1ミリも持ったことはない。それぞれの人がそれぞれの論理のなかで行動しただけだ。そこで起きた現実を、周りの人が勝手に解釈して「部下による裏切り」だと言っているにすぎない。

だからぼくは、事件のときのことでだれかを恨んでいたりはしないし、そのせいで人間不信に陥ったということもない。

ただ、むしろここで気になるのは、けっこう多くの人が「部下は絶対に裏切らないものだ」と思い込んでいるらしいことのほうだ。

世の経営者や管理職の人たちは、自分の部下をどこまで信じているだろうか？

「私は部下のことを信じています。彼らは裏切ったりしません」

もしそんなことを言う人がいれば、何の根拠があってそう思うのか教えてほしい。どんなに自分に従順な部下だって、状況が変われば、あなたにとって不利益な行動をとる可能性はある。今、彼らが忠実に動いてくれているのは、そうふるまうことが彼らにとって最も合理的だからだ。

そう考えるほうが自然ではないだろうか。

ぼくが言いたいのは、だれかを「信用」することと「盲信」することはちがうということである。

これが本書の最後で必ず伝えておきたかったことだ。

2022年7月8日、奈良市で街頭演説をしていた元内閣総理大臣の安倍晋三さんが銃撃され、命を落とすというショッキングな事件があった。

そのなかで浮かび上がってきたのが「カルト」の問題だ。犯人の男は、世界平和統一家庭連合（旧統一教会）に対して恨みを抱いており、これが事件の動機になっていた。同会に入信した母親が膨大な額の献金をし、自己破産するまでに至っていたのである。

それ以来、信者の信仰心につけこみ財産を搾取する旧統一教会については、ますます厳しい目が向けられるようになった。

人はなぜ、反社会的なカルトにはまってしまうのだろうか？

「信用」と「信仰」は厳密には同じものではない。

だが、人が財産を搾取するような宗教にはまってしまうのもまた、人々が「信用」の考え方をアップデートできていないことから来ているのではないか？

ぼくはＨＩＵという会員制コミュニケーションサロンを運営している。生半可な気持ちの人には参加してほしくないので、それなりの会費を設定しているが、ぼくのそうした活動を「信者ビジネス」などと揶揄する人がいるのもわかっている。

しかし、それは言いがかり以外の何ものでもないし、それぞれに思いを持ちながらサロンに参加してくれているメンバーの人たちをバカにするような発言は、とうてい許せない。

しばらく前には、ブロガーの山本一郎による「堀江貴文さんのようなカルトビジネス……」というツイートなどをめぐって裁判も行った。

東京地裁は、この発言がぼくの社会的信用を低下させる名誉毀損であると認め、山本に対して損害賠償の支払いを命じるまでに至っている。

彼の違法行為が認められ、ぼくが勝訴したのは、当然と言えば当然だ。

だれかがやっていることに対して、それを「カルト」だと指摘するのは、それくらい強い意味を持っている。かなりの反社会性・犯罪性を示唆する表現なのである。

ぼくが言う「信用2・0」とは、ただ相手のことを盲信して、入れあげることではない。

むしろ、相手の肩書きや経歴そのほかにダマされることなく、その人が持っている目に見えない資産の価値を見抜くことこそが、信用2・0の本質なのである。

その意味で、むしろ「信用1・0」のほうがカルト信仰と紙一重である。

「東大卒だから大丈夫」「大企業勤務だからこの人は安心」「すごい経歴だから優秀」「部下だから裏切らない」「お金持ちだから信用できる」——そういう価値判断はすべて、その人の外形的な特徴しか見ていない。その人の周りに付着したものだけを見て、反射的に信用してしまっている。

これが盲信でないと言えるだろうか？

いまだにこうした古い信用にとらわれているからこそ、カルトが近寄ってきたときについ、相手を信じ込んでしまうのではないだろうか？

「ほかのみんなも信じているから大丈夫だ」と思考停止してしまうのではないだろうか?

信用2・0とは「人」に対する全面的な盲信ではない。

あくまでもその人がこれまで積み上げてきたこと(=無形資産)に対する価値評価である。

ここでも前節で語った「是々非々」の考え方が大事になる。

ぼくが相手のことを批判するのは、「その人が嫌い」だからではない。「その人が言っていること」がおかしいと思うから、「それはちがう」と言っているのだ。

これと同様、ぼくがだれかのことを信用するのは、「その人が好き」だからではない。あくまでも「その人が積み上げてきた無形資産」に敬意を払っているにすぎない。

ぼくはだれかの人格すべてに心酔したりすることはない。

だれかを盲信することはない。

「Aさんはあの部分については信用できないけど、この部分についてはかなり信用できる」ということがあってもいいではないか。いや、むしろ、そのほうがよっぽど健全なはずだ。

「Aさんはすべてにおいて完璧だ。Aさんが言っていることはすべて正しい。Aさんが言っていることなら、どんなことでも信じるし、どんなことでも従う」

そんなことを言っている人がもしもいるなら、それはまさしくカルトと変わらない。

だからぼく自身も「堀江貴文という人間をすべて信用してくれ」なんて思ったことは一度もないし、そもそもそんな「信者」にはついてきてほしくない。

そういう人は、ここまでぼくが語ってきた「信用2・0」の意味を全然、理解できていないのだ。

わざわざ本書をここまで読んでくれたみなさんは、何も考えずにぼくを盲信するだけの人たちではないはずだ。
自分の目で他者の信用資産を評価し、その価値を正しく見抜ける人たちであるはずだ。

堀江貴文という人間そのものは、別に信用してくれなくてかまわない。
あくまでもぼくがこれまでやってきたこと、ぼくがこれからやろうとしていることに価値や面白みを感じてほしい。

ぼくはいつもそう思っている。

TRUST

「人」そのものを信用するな。
その人の「無形資産」を信用しよう。

おわりに

「この星から飛び出すほどの信用」を積み上げよう。

2019年5月4日、ぼくがファウンダーを務めるインターステラテクノロジズ（IST）によるロケット「MOMO（モモ）3号機」は、発射に成功、みごと高度100km以上の宇宙空間に到達することができた。

日本の民間企業が単独で開発・製造したロケットが宇宙まで行った事例としては、これが国内初である。その後、2021年7月3日にはMOMO7号機にあたる「ねじのロケット」の、さらに同年7月31日にはMOMO6号機にあたる「TENGAロケット」の打ち上げに成功し、無事に宇宙空間に到達している。

ぼくのさしあたっての目標は、このMOMOを使って「宇宙へモノを届けるサービス」を、低価格で展開できるようにすることだ。また、超小型人工衛星軌道投入ロケット「ZERO」の開発にも取り組んでいる。

これらを成功させるためには、打ち上げ実績をもっと積み重ねて、仲間やお金を集めなければならない。何よりも信用を集めなければいけない。

くれぐれも言っておくが、ぼくはこの事業で儲けようとは思っていない。

もし本当に純粋にお金儲けがしたいのなら、もっと手っ取り早くかたちになるIT事業に力を入れているだろう。そのほうが断然ラクだし手堅いからだ。

じゃあ、なぜここまで宇宙にこだわるのか。

ぼくはもっともっと遠くへ行ってみたいからだ。

この太陽系を飛び出して、別の恒星系にたどり着いてみたい。

「インターステラテクノロジズ」という社名には「人類の恒星間航行（Interstellar Travel)」に対する事業に関わるみんなの想いが込められているのである。

本書『信用2・0』では、これからの時代に必要となる「信用」の話をしてきた。「これからも通用する信用を集めるためには、どうすればいいか？」について、ぼくなりの考えを話してきた。

最後に忘れないでほしいことがある。

それは「信用は集めるだけでは意味がない」ということだ。

お金が単なる手段であるのと同様、信用もまた「1人ではできないこと」を成し遂げるための手段なのだ。

もしあなたがこの本に書かれたことを実践して、より大きな信用を集めることができたなら、必ずそれを「使って」ほしい。「みんなに信用されている自分」に甘んじて、守りに入ったりしないでほしい。

少なくともぼくは、みんなにもらった信用を絶対に無駄にしたくない。

1人のぼくというちっぽけな存在だけでは成し遂げられないような「とてつもなく大きなこと」にチャレンジしてみたい。

だからこそ、これからもぼくは信用を集め続ける。
地球には収まりきらないくらいの信用を積み上げて、宇宙に飛び出していく。

さて、あなたは集めた信用をどんなエネルギーに変えるのだろうか？
どんなところに飛び出していくのだろうか？

みなさんから面白いチャレンジが生まれてくるのを楽しみにしています。

堀江貴文

堀江貴文

ほりえ・たかふみ

1972年福岡県生まれ。実業家。SNS media & consulting株式会社ファウンダー。インターステラテクノロジズ株式会社ファウンダー。

東京大学在学中の1996年にインターネット関連のオン・ザ・エッヂ（現ライブドア）を起業。2000年、東証マザーズ上場。大阪近鉄バファローズやニッポン放送の買収、衆議院総選挙立候補など既得権益と戦う姿勢で注目を浴び、「ホリエモン」の愛称で一躍時代の寵児となる。2006年、証券取引法違反容疑で東京地検特捜部に逮捕され、懲役2年6カ月の実刑判決。獄中からもメールマガジンなどで情報発信を続け、2013年に釈放。

その後、民間では日本初の宇宙空間到達に成功した宇宙ロケット開発、スマホアプリや飲食業のプロデュース、予防医療の普及、ニュース解説など、多数の事業や投資、多分野で活躍中。メールマガジン「堀江貴文のブログでは言えない話」は購読者1万人以上、会員制コミュニケーションサロン「堀江貴文イノベーション大学校（HIU）」でも優秀な人材を輩出し続けている。

著書に『ゼロ』（ダイヤモンド社）、『本音で生きる』（SB新書）、『多動力』（幻冬舎）など。Twitter（@takapon_jp）フォロワー数は357万人、YouTubeチャンネル登録者数は160万人、総視聴数は5億回を超える。

ホリエモンドットコム
http://horiemon.com/

信用《しんよう》2.0
自分《じぶん》と世界《せかい》を変《か》える「最重要資産《さいじゅうようしさん》」

2023年4月30日　第1刷発行

著　者　堀江貴文
発行者　宇都宮健太朗
発行所　朝日新聞出版

〒104-8011
東京都中央区築地5-3-2
電話　03-5541-8814（編集）
　　　03-5540-7793（販売）

印刷所　大日本印刷株式会社

Published in Japan by Asahi Shimbun Publications Inc.
ISBN978-4-02-332283-7
定価はカバーに表示してあります。